내 집터를 **명당**으로 만들 수 있다

- 기에너지로 보는 터 -

내 집터를 명당으로 만들 수 있다
- 기에너지로 보는 터 -
ⓒ이정호 2019

초판 1쇄 인쇄	2019년 12월 5일
초판 1쇄 발행	2019년 12월 10일

지은이	이정호
	박사옥

발행인	정선모
펴낸곳	도서출판 SUN
주　소	서울시 노원구 덕릉로 94길 21. 205-102
mobile	010. 5213. 0476
e-mail	44jsm@hanmail.net
등　록	제25100-2016-000022호. 2016년 3월 15일

디자인	유정인

ISBN 979-11-88270-21-7
값 15,000원

Printed in KOREA
본 컨텐츠는 한국출판회의의 kopub서체를 사용하고 있습니다.

저작권자 ⓒ이정호, 2019
이 책의 저작권은 저자에게 있습니다.
서면에 의한 저자의 허락없이 내용의 일부를
인용하거나 발췌하는 것을 금합니다.

이 도서의 국립중앙도서관 출판예정도서목록(CIP)은
서지정보유통지원시스템 홈페이지(http://seoji.nl.go.kr)와
국가자료종합목록 구축시스템(http://kolis-net.nl.go.kr)에서
이용하실 수 있습니다(CIP제어번호: CIP2019047845).

내 집터를 **명당**으로 만들 수 있다

― 기에너지로 보는 터 ―

知靜 이 정 호
俊甫 박 사 옥

글씨: 知靜 이정호

천신기를 전수해주시고

시간과 공간을 초월하는

4차원의 세계로 이끌어주신

천신기 기아카데미의 큰 스승

知岩 이원홍 초대총재님께

이 책을 바칩니다.

머리말

　사람은 이 세상에 태어나서 지구의 자연환경 속에서 살아가는 존재이다. 누구나 살기 좋은 환경조건 속에서 건강하고 행복하게 살아가기를 원하는 것이 가장 기본적인 소망이고, 여기에서 가장 삶에 적합한 환경을 찾게 되는 것 또한 지극히 자연스러운 현상이라 할 것이다.

　인류의 역사를 들여다보면 태곳적부터 모든 종족들이 살기 좋은 곳을 찾아 끊임없이 이동하면서 살아온 것을 알 수 있으며, 현재의 우리들 개개인도 항상 보다 나은 터전으로 주거지를 옮겨가면서 살아가고 있는 모습을 발견하게 된다.
　사람들이 살기 좋은 환경, 살기 좋은 터전을 찾아내야겠다는 기본적인 요구에서부터 시작되어 오랫동안의 탐구노력과 경험을 축적하면서 발전해온 것이 풍수이론 내지 명당론明堂論이라 생각된다.
　오래전부터 사람은 일정한 지역을 중심으로 집단을 이루면서 공동생활을 영위해왔기 때문에 일반적으로 외부의 침입으로부터 안전한 곳, 햇빛이 잘 드는 곳, 바람이 잘 통하는 곳, 물을 쉽게 구할 수 있는 곳, 기름진 땅을 사람이 살아가는 데에 적합한 터전으로 보는 전통적인 풍수이론風水理論이 형성되기에 이르렀다고 본다.

　전통적인 풍수이론은 이와 같이 집단적인 생활환경을 전제로 배산背山과 임수臨水를 기본으로 하여 거시적인 시각에서 국가의 도읍지나 왕궁터 등을 중심으로 발달하여왔으며, 지상의 생김새와 지세를 위주로 명당터가 형성된다는 이론인데 우리나라에서 명당터로 확인되고 있는 궁궐이나 왕릉, 명산대찰의 대부분이 이러한 이론에 근거한 것으로 보인다.

　이제 우리는 국민 개개인이 건강하고 편안한 삶의 보장을 추구하며 21세기의 100세 시대를 살아가고 있는 만큼 거시적인 시각으로 보아온 전통적인 풍수를 넘어서서, 내가 살고 있는 주택이나 사무실, 그리고 이웃들의 삶의 터전 등이 명당터인가를 알아보고 이를 명당터로 만들어나가는 미시적인 풍수에 더 많은 관심을 가져야 한다고 본다.

이러한 문제를 풍수 분야 전문가에게만 의존할 것이 아니라 누구든지 기에너지 측정 등 새로운 방법을 찾아내어 내 집터는 내가 명당 수준으로 만들 수 있어야 한다고 생각한다.

필자가 기수련을 통하여 시간과 공간을 초월하여 우주의 정보를 읽어내며, 모든 터에 대한 기에너지 수준을 측정하고 비교판단할 수 있는 능력을 함양하고, 우주의 기에너지 흐름을 조절하는 방법을 실행해본 체험과 사례를 종합해보면 종래의 풍수이론에 근거한 명당론을 보완할 수 있다.

누구나 자신과 이웃이 살고 있는 주거지나 기타 생활공간이 명당터인지를 확인할 수 있고, 나아가서 명당터에 못 미치는 수준으로 판명되었을 경우에는 이를 명당터로 만들 수 있는 방법이 개발되었다는 결론에 이르러 이 책을 기술하게 되었다.

이 책은 다음 일곱 가지 확인된 사실을 전제하면서 기술함을 밝힌다.
첫째, 인간과 사물 등 우주 안에 있는 모든 대상에 대하여 기에너지를 측정할 수 있다.
둘째, 사람은 누구든지 일정한 수련을 하면 엘로드라는 기구를 이용하여 생물이나 사물의 기에너지를 측정할 수 있다.
셋째, 기에너지의 측정 단위는 규빗으로 정하며, 최고치는 144규빗으로 상정한다.
넷째, 사람이 태어날 때의 기에너지, 즉 생기(生氣, 생체에너지)는 최고치인 144규빗으로 측정된다.

다섯째, 명당터의 기에너지 수준은 최고치인 144규빗으로 측정된다.

여섯째, 건강한 성인의 평균 기에너지 수치는 지구 전체의 평균 기에너지 수치와 동일한 135규빗 전후이다.

일곱째, 사람이 건강을 유지하며 살기에 적합한 터의 기에너지 수준은 135규빗 이상이다.

필자는 풍수이론에 정통한 사람이 아니다. 다만, 풍수가 자연과 인간의 조화된 삶을 추구하는 것이라고 이해하면서 이론풍수를 넘어서 체험과 사례의 축적으로 얻어진 새로운 방법론을 제시해보고자 하는 것이다.

그리고 우리가 살고 있는 터의 기氣에너지 수준을 측정하여 건강을 유지하기에 적합한지의 여부를 판단해준다거나, 그 터의 기에너지 수준을 높여주면서 생활에 필요한 모든 터를 명당터로 변화시킬 수 있는 방법론을 제시하는 것은 전통적인 종래의 풍수이론이나 명당론을 배척하는 것이 아니며, 불완전한 부분을 보완하여 이를 더욱 발전시키는 방향으로 이바지할 수 있을 것이라는 기대를 가지고 있다는 말씀을 덧붙인다.

2019년 11월 명륜동에서
知靜 이정호
俊甫 박사옥

목차

내 집터를 명당으로 만들 수 있다
- 기에너지로 보는 터 -

머리말 / 6

Ⅰ. 내가 살고 있는 터는 좋은가 / 15
   1. 내 집터 어떻게 알아보나 / 16
   2. 터의 기에너지 측정 / 18

Ⅱ. 기에너지 측정법 / 23
    3. 측정 도구 엘로드L-rod / 24
    4. 측정의 척도와 판단 기준 / 30

Ⅲ. 터의 기에너지와 건강과의 관계 / 37
    5. 좋은 터와 건강 유지 / 38
    6. 나쁜 터와 건강 악화 / 42

Ⅳ. 명당터의 재조명 / 49
    7. 명당터를 알아보는 새로운 방법 / 50
    8. 명당터와 출생 시의 기에너지 수준 / 59
    9. 명당터에서 짝짓기 하는 동물들 / 62
    10. 명당터는 큰 인물을 배출 / 69

Ⅴ. 명당터 찾아보기 / 79
    11. 조선왕조의 궁궐 / 80
    12. 세계문화유산 조선 왕릉 / 84
    13. 삼국시대의 사찰 / 95
    14. 내 집터의 기에너지 수준 / 98

Ⅵ. 나쁜 터의 재조명 / 109
    15. 나쁜 터의 수맥파 유입 / 110
    16. 동기감응의 실체 규명 / 116

Ⅶ. 내 집 명당터로 만들기 / 125
    17. 신비의 집기판 / 126
    18. 수맥파의 유입 차단 / 129
    19. 명당터 만들기 / 131
    20. 명당터로 만들었을 때의 효과 / 134
    21. 명당터로 만든 사례 / 146

Ⅷ. 향후 우리의 과제 / 153
    22. 생활 터전의 단계적 명당화 추진 / 154
    23. 명당터로 만들어주는 길 안내 / 160

후기 및 기사진 / 187
* 개인정보 보호 차원에서 실명과 정확한 주소를 명시하지 않았음

I 내가 살고 있는 터는 좋은가

1. 내 집터 어떻게 알아보나
2. 터의 기에너지 측정

Ⅰ. 내가 살고 있는 터는 좋은가

사람은 살아가면서 누구나 자기가 살고 있는 집터가 좋은지에 관해서 관심을 갖는다. 우주에 있는 만물은 일정한 기氣에너지를 가지고 있으며 이 기에너지는 측정이 가능하다는 것이 밝혀지면서, 엘로드L-rod라는 기구를 이용하여 집터의 기에너지 수준을 측정해봄으로써 우리가 살고 있는 집터의 수준을 보다 쉽게 알 수 있게 되었다.

1. 내 집터 어떻게 알아보나

　예나 지금이나 사람은 살아가면서 누구나 자기가 살고 있는 집터가 좋은지에 대해서 관심을 갖는다. 인류의 역사 속을 들여다보면 태곳적부터 모든 종족들이 살기 좋은 곳을 찾아 끊임없이 이동하면서 살아온 것을 알 수 있으며, 현대의 우리들 개개인도 항상 보다 나은 터전으로 주거지를 옮겨가면서 살아가고 있는 모습을 발견하게 된다.
　이와 같이 살기 좋은 환경, 살기 좋은 터전을 찾아내야겠다는 기본적인 요구에서부터 시작되어 오랫동안의 탐구 노력과 경험을 축적하면서 전통적인 풍수이론 내지 명당론이 발전되어왔다는 것은 주지의 사실이다.
　오랜 옛날부터 사람은 일정한 지역을 중심으로 집단을 이루면서 공동생활을 영위해왔기 때문에 일반적으로 외부의 침입으로부터 안전한 곳, 햇빛이 잘 드는 곳, 바람이 잘 통하는 곳, 물을 쉽게 구할 수 있는 곳, 기름진 땅을 사람이 살아가는 데에 적합한 터전으로 보았다.
　전통적인 풍수이론은 일반적으로 집단적인 생활환경을 전제로 배산과 임수를 기본으로 하여 거시적巨視的인 시각에서 국가의 도읍지나 왕궁터 등을 중심으로 발전되어왔으며, 지상의 생김새와 지세를 위주로 명당터가 형성된다는 이론인데 우리나라에서 명당터로 확인되고 있는 궁궐이나 왕릉, 유명 사찰의 대부분이 이러한 이론에 근거한 것으로 보인다.

　현시대는 100세까지 건강하게 살자는 목표를 추구하고 있으므로 나와 멀리 떨어져 있는 사찰이나 궁궐터 등의 명당을 찾아보는 생각을 넘어서서 미시적微視的으로 나와 이웃이 살고 있는 집터부터 명당인지 여부를 알아보고, 이에 대하여 필요한 대응 방안을 내놓아야 하는 그런 시점에 와있다고 본다.

　배산임수背山臨水와 좌청룡 우백호左靑龍 右白虎를 기본으로 지상에 형성된 지세地勢를 위주로 명당터를 판단하는 종래의 거시적인 풍수이론은 몇십 평 규모의 아파트나 개인주택을 삶의 터전으로 하는 복잡한 도시생활에서는 적용하기가 마땅하지 않은 것으로 보인다.

　누구나 좋은 터에 살아야 건강하다고 생각하는데 내가 살고 있는 집터가 좋은지 아닌지를 손쉽게 알아보는 방법은 없을까? 이제 이 물음에 대한 답을 제시하고자 한다.

2. 터의 기에너지 측정

　필자는 우연한 기회에 눈에 보이지 않는 기의 세계를 접하게 되었다. 천신기라는 특별한 기를 전수받고 십여 년간 기수련을 해오면서 만물은 일정한 수준의 기에너지를 가지고 있고 이 기에너지는 엘로드L-rod라는 기구를 이용하여 측정이 가능하다는 사실을 알게 되었다.

　그리고 엘로드를 이용하여 기에너지 수준을 측정해보는 방법을 통하여 사람이 이 세상에 태어날 때의 기에너지 수준은 최고수준인 144규빗이고, 명당터의 기에너지 수준도 이와 동일한 144규빗이라는 사실을 확인하게 되었다. 이를 통해 사람의 건강과 집터의 기에너지 수준은 밀접한 관련을 가지고 있고, 집터의 기에너지 수준을 측정해봄으로써 우리가 살고 있는 집터의 좋고 나쁨을 보다 쉽게 알 수 있다는 결론을 내리게 되었다.

　일정한 규모의 터 기에너지 수준은 지상공간의 기에너지와 지하구조의 기에너지가 합쳐져서 형성된다고 볼 수 있다. 터의 기에너지는 $1m^2$의 작은 규모부터 그 크기에 관계 없이 모두 평균 기에너지를 측정하여 판단할 수 있다.
　터의 기에너지 수준을 측정하여 그 터가 좋은지 여부를 판별하는 미시적微視的인 접근방법은 전통적인 풍수지리 이론에서 제시하는 거시적巨視的인 접근 방법보다는 적용하기가 쉽고 정확도가 높다고 본다.

여기에서 문제는 엘로드라는 기구를 이용한다면 어떤 방법으로 기에너지를 측정해낼 수 있느냐는 것과 어떤 기준을 가지고 터의 좋고 나쁨을 판단할 것이냐가 될 것이다.

II 기에너지 측정법

3. 측정 도구 엘로드 L-rod
4. 측정의 척도와 판단 기준

II. 기에너지 측정법

누구든지 엘로드라는 기구를 이용하여 기에너지를 측정할 수 있으며, 모든 터는 기에너지 측정치에 따라 명당터(144규빗), 상등급의 터(140규빗 이상), 중등급의 터(130규빗~139규빗), 하등급의 터(129규빗 이하)로 구분하여 판단할 수 있다.

3. 측정 도구 엘로드 L-rod

기에너지를 측정하는 도구로는 금속으로 제작된 두 개의 엘로드를 사용한다. 엘로드는 오래 전부터 수맥탐지의 목적으로 세계 여러 나라에서 다양한 형태로 개발해왔는데 현재 우리나라에서 쓰는 엘로드는 상당히 성능이 좋은 것들이 많이 개발되어 있다.

엘로드는 특히 전도율이 좋은 특수금속을 L자 형으로 만들어 사용하는데, 우주만물宇宙萬物에 존재하는 기에너지의 파장波長을 읽어내는 방법을 통하여 수맥파水脈派의 탐지, 생물체나 사물의 기에너지 수준 측정, 진위의 판정 등 다양한 용도로 활용되고 있다.

엘로드가 작동하는 원리는 "엘로드를 손으로 잡은 상태에서 측정하거나 알아보려는 대상을 특정한 후, 그 측정하려는 사람이 의식적인 명령을 한다. 이때 명령을 하는 사람의 인체 의식에서 읽어내는 특정 대상에서 나오는 파장이 엘로드에 그대로 전달되어 이에 상응하는 일정한 반응을 한다."는 성질을 이용하는 것이다. 비유하건대 측정자의 인체가 안테나요, 엘로드가 라디오 수신기라고 이해할 수 있을 것이다.

우주에 존재하는 인간과 사물 등 모든 대상에서는 기에너지가 방출되고 있다는 것은 현대의 양자물리학에서 밝혀진 사실이다.

이러한 기에너지를 엘로드라는 기구에 의하여 측정할 수 있는 구체적인 방법론은 '천신기 기아카데미'의 창설자인 지암(知岩) 이원홍(李源洪, 1926년~2011년) 초대총재님에 의하여 개발되어 2003년부터 수련과정을 통하여 후학들에게 전수되고 있다.

다음으로 엘로드를 사용하는 방법을 구체적으로 살펴보자. 엘로드를 사용하기 위해서는 엘로드를 90도 각도로 정확히 L자 모양이 되도록 한 다음, 양 손바닥(노궁이 중심점이 됨)으로 감싸 쥔다.

이때 팔꿈치를 양 옆구리에 붙인 상태로 양손을 20cm 내지 30cm 정도 벌려서 엘로드가 11자 모양으로 앞으로 나란히 되는 형태의 모습을 기본자세로 삼는다. 이 자세에서 엘로드는 지면과 수평이 되게 하되 앞 끝부분은 약 5도 정도 약간 앞으로 숙여지게 하는 것이 정지 상태를 유지하기에 용이하다.

엘로드를 제대로 사용하기 위해서는 위와 같이 기본자세(정지 자세)에서 의식적인 명령을 실행하여 엘로드가 내 명령대로 움직이게 하는 연습을 반복하여 숙달된 경지에 이르도록 한다. 즉 엘로드를 두 손으로 잡은 기본자세에서 "좌로 움직여주세요." "우로 움직여주세요." "간격을 벌려주세요." "간격을 오므려주세요."라고 명령을 하면서 엘로드가 움직이게 하는 실행 연습이다. 이때 엘로드에게 의식적인 명령을 할 때에는 내 마음을 비운 상태(空空空心)로 집중하여야만 엘로드가 제대로 작동하게 되는 것에 유의하여야 한다. 순간적으로라도 다른 생각이 들어가면 엘로드가 인체로부터 전달되는 파장을 읽어내는데 혼선을 일으킬 수 있기 때문이다.

엘로드로 기에너지를 측정할 때의 대상은 과거, 현재의 우주 안에 있는 모든 것이 가능하며 사람이나 동물, 식물은 물론, 무생물 그리고 사람의 의식까지도 대상이 될 수 있다. 사람의 경우 신체의 일부분을 특정하여도 측정이 가능하고, 범위를 정하기만 하면 일정한 육지나 바다도 대상이 될 수 있다.

엘로드

엘로드를 사용하여 기에너지를 측정하는 구체적인 요령은 먼저 양손으로 엘로드를 지면과 수평이 되게 잡고, 양끝 부분이 20cm 내지 30cm 간격으로 앞으로 나란히 정지된 상태로 정신력을 집중하면서 준비 자세를 취한다. 측정 요령은 "제가 ㅇㅇㅇ의 기에너지를 측정하고자 합니다. 기에너지의 수치數値만큼 엘로드의 간격을 벌려주세요."라고 의식적意識的으로 명령한다. 이때 측정대상의 기에너지가 측정되면서 엘로드의 간격이 차츰 벌어지게 되는데 측정치測定値에 도달하는 순간, 엘로드는 정지된다.

그 다음 측정 수치를 판단하여야 하는데 엘로드가 정지된 상태에서 다시 "측정된 기에너지의 수치數値에 맞을 때까지 엘로드의 간격을 오므려주세요."라고 의식적으로 명령하고, 연이어서 10, 20, 30… 100, 110, 120, 121… 129 등으로 커지는 값의 수치를 계속적으로 제시하다 보면 엘로드의 간격이 차츰 오므려져서 맞닿는 순간에 이르게 되는데, 이 순간에 제시된 수치를 기에너지의 측정치測定値로 보면 된다.

누구나 엘로드를 이용하여 기에너지를 측정할 수 있다. 그런데 천신기天神氣라는 특별한 기를 전수 받고 수련을 해나가면 기에너지 측정 능력은 훨씬 향상된다.

천신기는 창조주創造主부터 특별히 받는 초월적 고차원의 기에너지라고 할 수 있는데, 다른 사람에게 전수해줄 수 있다는 점에서 텔레비전을 통하여 흔히 보아온 차력기, 국선도나 단학 수련에서 말하는 수련기와 구별된다.

천신기를 전수받고 기에너지 측정훈련을 수련하면 시간時間과 공간空間을 초월하여 인간과 사물에 대한 기에너지를 측정할 수 있다. 예를 들면 2010년 9월 1일 오전 9시 미국 오리건주에 살고 있는 손자 이○○의 신체의 기에너지(141규빗이다)를 측정할 수 있는가 하면, 필자 자신이 세상에 태어난 날의 기에너지 수준을 측정(144규빗이다)할 수도 있다.

또한 현장에 가지 않고 지구상의 어느 곳이든지 정확한 주소나 사진만 가지고도 그 지번의 토지의 기에너지 수준을 측정할 수

박정희 전 대통령 생가터

도 있다. 일례로 경북 선산군 구미면 상모리 소재 박정희 전 대통령의 생가터(초가집)의 기에너지 수준을 측정해보면 144규빗, 즉 명당터로 확인되는 것이다.

엘로드로 기에너지를 측정하는 방법은 누구나 수련修練을 통해서 배울 수 있다. 필자의 경험과 교육프로그램을 운영해본 결과 엘로드 사용법은 일주일에 1시간씩 연습하여 20주(5개월) 정도 연습하면 기본적으로 누구나 기에너지 측정이 가능하다고 본다. 다만 사람에 따라서 그리고 연습자가 집중력을 얼마나 발휘하느냐에 따라서 그 기간의 장단이 결정된다고 보는데, 남녀노소 누구나 가능하다는 것을 확실히 해둔다.

4. 측정의 척도와 판단 기준

기에너지를 측정하는 척도로는 측정 단위를 규빗, 측정 범위를 1규빗에서부터 최고 144규빗까지로 정하고 있으며 모든 터는 명당터(144규빗), 상등급의 터(140규빗 이상), 중등급의 터(130규빗~139규빗), 하등급의 터(129규빗 이하)로 나누어 판단한다.

엘로드를 이용하여 기에너지를 측정해내는 방법을 실제로 적용하기 위해서는 그 측정의 척도와 측정된 기에너지 수준에 따른 판단기준을 어떻게 정할 것이냐의 문제가 제기된다.

기에너지를 측정하는 척도로는 측정단위를 규빗, 측정범위를 1규빗에서부터 최고 144규빗까지로 정하고 있다. 이는 기 측정법을 처음으로 창안해내신 이원홍 초대총재님(1926년~2011년)이 성경의 요한계시록에서 영감을 받아 정한 것인데, 우리가 길이의 단위를 1m=100cm로 하자고 정하고 실생활에 적용하는 것과 같이 기에너지를 측정하는 척도로 사용하기 위하여 그렇게 정한 것으로 이해하면 된다.

다음은 측정치에 따라서 어떤 기준을 가지고 터의 좋고 나쁨을 구분하여 판단할 것이냐의 문제인데, 일반적으로 모든 터를 명당터(144규빗), 상등급의 터(140규빗 이상), 중등급의 터(130규빗~139규빗), 하등급의 터(129규빗 이하)로 나누어 판별할 수 있다는 기준을 제시하고자 한다.

명당터의 판별기준을 기에너지 수준 144규빗으로 설정한 것은 실제의 많은 명당터들을 측정해본 결과를 토대로 정한 것이다. 예를 든다면 명당터로 잘 알려진 서울의 경복궁 근정전 터의 기에너지 수준이 144규빗으로 확인되고 있으며, 그 범위와 경계점이 근정전 내부의 어좌御座를 중심으로 하여 반경 약 88m가 된다는 것을 현장 실측으로 확인하고 이를 기준치로 삼게 되었음을 부연한다.

측정된 기에너지 수준을 상등급, 중등급, 하등급으로 판별하는 방법은 터의 좋고 나쁨을 가릴 수 있을 뿐만 아니라 사람의 건강 수준을 판별하는 경우에도 활용할 수 있는데, 어떤 사람의 신체의 기에너지 수준이 136규빗으로 측정 결과가 나왔다면 건강이 중상등급으로 양호하다는 판단이 가능하며, 이는 의학적인 건강진단 결과와 거의 일치한다.

이러한 기준은 실생활에서 대상을 바꾸어가면서 얼마든지 적용할 수 있다고 본다. 예를 들면 필자가 부모님의 장례를 치루면서 화장으로 모시게 되었을 때 봉안함을 선택하는 문제가 제기되었다. 봉안함을 진열, 판매하는 점포에서 여러 가지 형태의 봉안함의 기에너지 수준을 측정해본 결과 청자항아리형의 봉안함이 측정치가 제일 높아서 그 봉안함을 선택하였더니 점포 운영자가 놀라면서 좋은 선택을 하였다고 한 사례가 있다. 내가 선택한 봉안함은 제일 비싼 가격의 봉안함이 아니었는데도 쓸만하고 좋은 것이라고 그 점포 운영자가 확인해준 것이다.

이제는 낯선 고장에 가서 식사를 할 때에는 미리 음식점마다의 기에너지 수준을 측정해보고 136규빗 이상으로 나오는 집을 선택하는 것이 습관화되었다. 실제로 그런 집을 선택했을 때에는 사람들이 북적대고 음식 맛도 좋았다는 것이 체험상으로 확인되기 때문이다. 이는 기에너지 수준이 높은 곳일수록 음식물의 신선도가 오래 유지된다는 과학적인 견해와도 일치하는 것으로 보인다.

엘로드는 오래 전부터 세계 여러 나라에서

수맥탐지의 목적으로 사용되었다.

엘로드로 우주만물에 존재하는

기에너지의 파장을 읽어내는 방법을 통하여

수맥파의 탐지, 생물체나 사물의 기에너지 수준 측정,

진위眞僞의 판정 등 다양한 용도로 활용되고 있다.

III 터의 기에너지와 건강과의 관계

5. 좋은 터와 건강 유지
6. 나쁜 터와 건강 악화

III. 터의 기에너지와 건강과의 관계

기에너지는 인체의 세포조직의 생체활동을 조장하기 때문에 좋은 터에 사는 사람은 터의 기를 받아 건강하고 장수한다. 나쁜 터에 사는 사람은 인체의 기를 터에 빼앗기는 물리적 현상이 발생하게 되고, 장기적으로 생체기능 및 면역력 저하로 이어져 건강을 해치게 된다.

5. 좋은 터와 건강 유지

어린 시절의 추억을 더듬어보면 양지바르고 널찍한 울안에 우물과 큰 나무에 까치가 둥지를 틀고 있는 친구 집에 자주 가서 놀던 기억이 있을 것이다. 이런 집에 사는 친구는 대개 건강하고 공부도 잘했고, 그 친구 어머니 등 가족들도 친절했던 기억을 가지고 있다. 이런 집터의 기에너지 수준을 측정해보면 대개는 140규빗 이상(上等級)의 좋은 터로 확인되고 있다.

사람이 이 세상에 태어나는 순간은 건강상으로 볼 때 생체의 활동력이 가장 왕성한 때이며, 기에너지 수준으로 보면 최고수치인 144규빗을 유지하고 있는 것으로 확인된다. 이러한 현상이 창조주의 의지가 반영된 것인지는 알 수 없지만, 동서양을 불문하고 모든 사람이 태어날 때는 똑같이 144규빗의 동일한 기에너지 수준으로 확인되는 것은 신비롭기까지 하다.

대체로 만 1세가 될 때까지는 144규빗 수준을 유지하다가 그 이후로는 143규빗, 142규빗, 141규빗으로 차차 기에너지 수준이 내려가면서 성인이 되는 20세 이후에는 135규빗 전후의 기에너지 수준을 유지하면서 평균적인 건강한 삶을 이어가는 것으로 확인된다. 이는 성인이 되는 시기에 지구 전체의 평균 기에너지 수준에 완전히 적응하면서 생체활동을 유지하게 되었다는 것을 의미한다고 보인다.

결론적으로 집터의 기에너지 수준이 144규빗에 가까울수록 사람은 좋은 기에너지를 감지하기 때문에 기분氣分이 좋고 편안하게 느끼게 되며 건강하게 오래 살게 된다. 그 이유는 기에너지가 인체의 세포조직의 생체활동을 조장하는 역할을 하기 때문이다. 젊은이들에게 혈기血氣가 왕성하다고 말하는 것도 이 때문일 것이다.

실제로 장수하는 사람들은 기에너지 수준 140규빗 이상의 상등급의 터에 살고 있는 것으로 확인된다. 예를 들면 2015년 1월 24일, SBS TV 방송에서는 공주에 사는 102세의 박기준 할아버지가 운전하고 할머니를 태워 10km 떨어진 읍내 병원에 다녀오는 장

99세에 운전면허를 딴 박기준 할아버지

면이 방영되었는데, 이 할아버지는 2012년 10월 99세 되던 해에 2종 운전면허를 취득하여 공주경찰서장과 함께 기념촬영을 한 것이 화제가 되었던 분이다. 102세의 연세임에도 농사일을 하실 만큼 좋은 건강을 유지하고 있는데, 이 할아버지는 태어난 집터가 기에너지 수준이 144규빗인 명당터이고, 평생을 태어난 그 집에서 살고 있는 것이 확인되고 있다.

2018. 6. 25. KBS 전국노래자랑(함평군편, 사회: 송해)에 출연한 100세의 할머니가 '고향무정'을 세 번이나 완창하는 장면이 방영되었는데, 이 할머니도 명당터에서 태어나서 지금까지 그 명당터인 집에서 건강하게 살고 있는 것이 확인되고 있다.

생활주변에서 또 다른 사례를 살펴보기로 하자. MBN TV에서는 2012년 8월부터 매주 수요일 밤 9시 50분경에 '나는 자연인이다'라는 프로그램을 방영(2019년 6월 현재 제353회)하고 있는데, 거기에 등장하는 주인공의 생활터전을 중심으로 살펴보면 대개의 경우 '원시의 삶과 같이 대자연의 품에서 저마다의 사연을 간직한 채 자연과 동화되어 욕심 없이 살아가는 이들의 이야기'를 담고 있다. 이 프로그램에 출연하는 주인공 상당수가 암 등 난치병을 앓던 중 자연환경이 아주 좋은 산속 등에 들어가서 수년간 혼자 생활하면서 그 난치병을 치료하게 되었다는 이야기가 소개되고 있다.

인공적인 환경인 도회지를 떠나서 깊은 산속에 들어가면 공기 좋고, 맑은 물이 있고, 주변 좋은 땅에 몇 가지 채소를 직접 심어 무공해 음식을 먹을 수 있고, 산속에서 자생하는 몸에 좋은 약초 등을 채취하여 먹을 수 있는 등 건강상 여러 가지 도움이 되는 조건을 구비하고 있는 점도 있지만, 무엇보다도 필자는 이 주인공들이 살고 있는 산속의 주거 터가 대부분 기에너지 수준이 144규빗인 명당터라는 것을 확인하게 되었다. 건강하게 살려면 기에너지 수준이 좋은 터에 사는 것이 바람직하다는 것을 강조하고자 한다.

6. 나쁜 터와 건강 악화

사람들이 기에너지 수준 129규빗 이하의 하등급의 터에서 살 때의 건강은 어떤가를 생각해보자. 건강한 성인의 평균 기에너지 수준이 135규빗이라는 점을 고려할 때 이보다 기에너지 수준이 낮은 터에 살 경우에는 장기적으로는 인체의 기에너지를 빼앗기는 물리적인 현상이 발생할 것으로 예상되고, 이로 인하여 인체의 생체기능의 저하 내지 면역력의 저하가 뒤따르게 되어 건강상 지장을 초래하게 된다고 생각한다.

신체의 기에너지는 일종의 파동에너지이며 세포의 생체활동을 조장하는 기능을 가지고 있다고 보는데, 높은 에너지와 낮은 에너지가 만날 때에는 높은 수준의 에너지는 낮은 수준의 에너지 쪽으로 이동하려는 물리적 성격을 가지고 있기 때문에, 터의 기에너지가 사람의 기에너지 수준보다 낮을 때에는 인체의 기에너지를 터에 빼앗기게 되어 결과적으로 인체의 생체기능 저하로 이어진다고 추정된다.

이러한 추정은 실제적으로 일어난 사례에서도 확인되고 있다.
필자의 중학교 동창 중 가장 친했던 K라는 친구는 서울 관악산 자락에 위치한 신림동에 40년 가까이 살다가 수년 전에 부부가 모두 타계하였는데, 두 분이 모두 똑같은 간암으로 세상을 떠났으며 부인이 돌아간 지 9년 만에 똑같은 병으로 그 친구도 세상을 떴다. 필자가 이상한 생각이 들어 그 집터의 기에너지 수준을 측정해보니 115규빗 수준으로 확인되었다.

이 집터의 기에너지 수준은 건강한 삶을 유지하는데 필요하다고 보는 평균치인 135규빗의 80%수준이다. 물론 간암이 발생한 원인을 전적으로 터의 기에너지 수준이 낮아서라고는 생각하지 않지만, 장기적으로 터의 기에너지 수준이 낮은 상이기 때문에 서서히 인체의 기에너지를 빼앗기면서 면역력이 낮아졌을 것이고 결국은 간암을 이겨낼 수 없었을 것이라고 추정할 수는 있다.

또 하나의 비슷한 사례를 들 수가 있다. 서울대를 나와 인천에서 치과의사로 종사하고 있는 중학교 동창 S라는 친구의 이야기다. 명색이 내로라하는 의사인 이 친구가 4년 전에 만났을 때 갑자기 폐암 초기라는 진단을 받고 수술까지 했다는 이야기를 하는 것이었다. 그 친구가 살고 있는 아파트의 기에너지를 측정해보니 116규빗 수준이었다.

가까운 친구이지만 살고 있는 아파트가 나쁜 터라고 직설적으로 말하기가 조심스러워서 자네가 집터의 기에너지 수준이 낮은 곳으로 이사 간 것이 인체의 면역력을 저하시켜서 간접적인 원인이 되었을 것이라고 운을 떼었더니, 그 친구가 이해가 가는 이야기라고 하면서 사실 전에 살던 집은 인천 신흥동에 위치한 해광사(海光寺, 1908년 창건)라는 절터 앞에 있었는데 40대 중반쯤 되었을 무렵에 집 앞마당을 쓸다가 마주치며 통성명하고 이야기를 건네게 된 스님이 "선생님은 아주 좋은 집터에 살고 있소." 하는 말을 들은 적이 있다는 것이었다.

발병한 것을 알게 된 시점이 아파트로 이사를 가서 살게된 지 5년 정도 지난 시기였고, 말 그대로 신흥동의 옛날 살던 집터의 기에너지 수준은 141규빗으로 준명당이라고 할 수 있는 좋은 터로 확인되었다.

이때는 그 친구가 폐암 초기로 밝혀졌는데 신속하게 수술을 했고, 이사할 형편이 안된다고 하여 필자가 그 친구가 사는 아파트의 기에너지 수준을 144규빗까지 높여주는 명당화 작업을 해주었는데, 현재까지 평균 수준의 건강(135규빗 수준)을 유지하면서 업무량을 줄여서 일하는 정도로 치과를 계속 운영하고 있어 다행이라 생각한다.

참고로 2010년 이전에 46세~67세로 세상을 떠난 필자의 중학교 동창생 38명이 살던 집터의 기에너지 수준을 점검해본 결과, 그중 18명(47.36%)이 기에너지 수준 122규빗 이하의 나쁜 터에서 살았다는 통계를 산출할 수 있었다는 사실을 덧붙인다.

터의 기에너지 수준이 낮아지는 원인에 대해서는 수맥파와 관련하여 다음 장에서 설명하겠지만 기에너지 수준이 나쁜 터에 살고 있는 것이 확인되었을 경우에는 좋은 터로 주거를 옮기거나 터의 기에너지 수준을 좋은 수준으로 만들어주는 것이 꼭 필요하다는 것을 강조해둔다.

IV 명당터의 재조명

7. 명당터를 알아보는 새로운 방법
8. 명당터와 출생 시의 기에너지 수준
9. 명당터에서 짝짓기 하는 동물들
10. 명당터는 큰 인물을 배출

IV. 명당터의 재조명

명당터란 우주와 맞닿아있는 지상과 지하에 형성된 기에너지가 결집되어 이루어진 지구상의 일정한 면적의 터로서 사람 등 생물체가 생체에너지 상태를 최고의 수준으로 유지하면서 생명활동을 하기에 가장 적합한 지구환경의 지상공간이라 생각된다. 명당터의 기에너지 수준은 사람이 태어날 때 신체의 기에너지 수준과 동일한 144규빗으로 확인되며, 명당터에서 태어난 사람은 건강하여 장수를 누리는 경우가 많고, 두뇌 발달이 남보다 앞서는 것으로 보인다.

7. 명당터를 알아보는 새로운 방법

엘로드로 터의 기에너지 수준을 측정하여 그 측정치가 144규빗일 때 명당터로 판단한다.

어떠한 터의 좋고 나쁨은 엘로드를 사용하여 터의 기에너지 수준을 측정하여 그 측정 수치로 판별하는 것이 가장 정확한 방법이고, 명당터의 기에너지 수준은 144규빗이라고 그 판별기준을 다시 제시한다.

필자는 지상은 물론 일정한 터의 보이지 않는 지하구조와 수맥파의 유입 여부까지를 알아내기 위한 수단으로 터의 기에너지 수준을 측정하여 판별하는 방법을 개발하였다. 모든 생명체나 사물은 모두 파동에너지로 불리고 있는 일정량의 기에너지를 발산하고 있으며, 특정한 대상의 기에너지를 측정할 수 있다는 양자역학 분야에서 인정하고 있는 기 이론을 도입한 것이다.

측정된 기에너지 수준을 보고 명당터를 판단하는 새로운 방법은 일정한 면적의 터에 형성된 기에너지 수준은 지상공간의 지형과 지세 등 지상의 자연환경적인 요소는 물론 지하공간의 구조와 지하로 유입되는 수맥파의 영향 등 모든 요소가 투영되고 결집되어 나타나는 종합적인 지수라고 보는 것을 기본으로 한다. 따라서 지상공간의 지형이나 지세를 보는 것을 위주로 명당터를 판단해 온 전통적인 풍수이론과는 일부 견해를 달리하는 것이 될 것이다.

여기에서 일정 규모의 터의 기에너지 수준을 측정하여 어떤 수치의 기에너지가 측정되었다고 할 때, 그 수치는 그 일정 규모의 터 전체의 평균치라는 점을 부연하여 설명하고자 한다. 100m² 정도의 소규모인 터에 대한 기에너지 측정 수치는 평균 수치 여부를 따져볼 필요가 없겠지만, 그 규모가 큰 주택단지나 더 크게 범위를 잡아서 한 개의 도시 전체의 기에너지 수준을 측정하여 측정치가 135규빗이 나왔다면 이는 도시 평균 기에너지 수치가 그렇다는 것이며, 그 도시를 다시 구區나 동洞 또는 일정 구역별로 나누어서 세부적으로 측정해볼 때에는 명당터인 144규빗 수준인 곳도 있고, 중등급 수준인 135규빗 정도인 곳도 있을 수 있으며, 하등급 수준인 115규빗 정도로 측정되는 곳이 모두 포함되어 있을 수 있다는 것이다.

실례를 들어본다면 서울 종로구에 자리 잡고 있는 경복궁 터는 그 면적이 432,702.87km² 로서 평균 기에너지 수준이 135규빗 정도로 확인되는데, 그 경내에는 기에너지 수준 144규빗의 명당터로 확인되는 근정전 터가 있는가 하면, 교태전과 강녕전 터와 같이 기에너지 수준 135규빗의 중등급 수준의 터와 기에너지 수준

118규빗의 건청궁과 115규빗의 경회루 터 등 하등급 수준의 터가 함께 포함되어 있다는 것이다.

명당터를 확인하고 판별하는 방법을 좀 더 구체적으로 설명하면, 엘로드를 사용하여 일정한 규모의 터를 특정($1cm^2$의 크기도 가능하다)하고, 그 터의 평균 기에너지 수준을 측정하여 그 측정치가 144규빗이 되면 명당터로 판단하는 것인데, 명당 혈明堂穴자리까지를 확인할 수 있음은 물론 명당터의 범위까지를 정확하게 확정해낼 수가 있다.

경복궁景福宮의 경우 근정전勤政殿 내에 임금이 앉아계시던 어좌御座자리가 명당 혈자리로 확인되고 있고, 이 명당 혈자리를 중심으로 하여 직경 약 176m 규모가 되는 원형의 명당터가 확인되는데, 엘로드로 이용하여 명당터의 외곽 경계선까지를 확인하여 명당터의 범위를 알 수 있으며, 그 경계선 안팎의 위치에 서서 오링테스트를 실시해보는 방법으로 그 범위에 대한 정확성을 재확인할 수도 있다.

명당터는 다양한 형태로 형성된다.

필자가 지금까지 확인해본 바로는 명당터는 그 규모가 작은 터에서부터 규모가 아주 큰 터에 이르기까지 다양한 규모로 형성되어 존재하는 것으로 확인되고 있다.

명당터는 명당 혈자리를 기점으로 하여 일정한 거리의 반경을 가지는 원(圓)의 형태로 다양한 크기로 형성되는 것이 일반적인데 그 규모는 이미 설명한 바와 같이 엘로드를 이용하여 원주(圓周: 원의 둘레)의 크기를 확인하는 방법과 손으로 오링테스트(일본인 의사가 창안해낸 방법)를 해서 확인하는 두 가지 방법이 있다.

그리고 명당터의 형성은 지상공간의 구조보다는 지하구조에 의하여 더 큰 영향을 받는 것으로 보인다. 일정한 크기의 명당터 범위를 벗어나면 거리가 멀어질수록 차츰 기에너지 수준이 낮아지는 현상을 보이다가 수맥파가 유입되는 곳에서 기에너지 수준이 아주 낮아지는 나쁜 터를 형성하게 되고, 다시 이 나쁜 터에서 멀어질수록 기에너지 수준이 차츰 높아지는 터가 형성되면서 새로운 명당터가 나타나는 형태를 보이고 있다.

다만 명당터와 수맥파가 유입되고 있는 나쁜 터, 그리고 새로운 명당터가 다시 형성되는 거리는 일정한 거리에서 반복되는 것이 아니라 지상공간과 지하공간의 구조에 따라서 그 거리가 멀리 떨어져 형성될 수도 있고 짧은 거리에 형성될 수도 있다는 것이 체험상의 결론이다.

실제의 사례를 보면 서울 강남구 수서동 산10-1번지 일대의 광평대군(조선왕조 제4대 임금 세종대왕의 5남, 1425년~1444년)과 그 후손들 700여 기가 모셔져 있는 광평대군 묘역이 큰 명당터(기에너지 수준 144규빗)로 확인되는데, 이 묘역 터에서 북서쪽으로 이어지는 광수산(光秀山, 정상 위치의 기에너지 수준은 130규빗)을 넘어서면서 차츰 기에너지 수준이 낮아지고, 이 산자락 아래쪽으로는 기에너지 수준이 103규빗까지 낮아지는 좋지 않은 터가 확인되고 있다.

또 명당터는 단일 구조로 일정한 규모로 넓게 형성될 수도 있고, 중소 규모의 명당터 몇 개가 한데 모여서 집합되어 있는 구조를 보이는 경우도 있다. 전자의 예로는 경복궁의 근정전 터가 직경 약 176m 규모의 단일 명당터의 형태이고, 후자의 예로는 국립서울현충원 위쪽에 위치한 창빈안씨(조선왕조 제14대 선조임금의 할머니) 묘소를 중심으로 하여 동, 북, 서쪽으로 각 이승만 전 대통령 묘소, 박정희 전 대통령 묘소, 김대중 전 대통령 묘소터가 함께 자리 잡고 있는 형태가 그것이다.

참고로 종래의 전통적인 풍수이론에서 제시하는 한국 100곳의 명당터를 기에너지를 측정하는 새로운 방법으로 확인해본 결과 그중 76곳이 명당터로 확인된다는 사실을 부연하면서, 앞으로 거시적인 관점에서 판단하고 있는 전통적인 풍수이론은 미시적인 관점에서 터의 기에너지를 측정하여 판단하고 있는 새로운 방법에 의하여 일부 보완될 수 있을 것이라는 기대를 해본다.

한국 100곳의 명당터 점검 확인 - 144규빗(명당)

1) 서울 관악구 봉천동 531-1   덕수이씨묘
2) 서울 서초구 우면동 773   성연묘
3) 서울 강남구 수서동 산10-1   광평대군 묘역
4) 서울 금천구 시흥동 산126-1   순흥안씨 묘역
5) 서울 구로구 고척동 산6-3   함양여씨 시조묘
6) 경기 남양주시 와부읍 덕소리 산5   신안동김씨묘
7) 경기 파주시 광탄면 분수리 산4-1   파평윤씨묘
8) 경기 남양주시 진건읍 송능리 산55   풍양조씨 시조묘
9) 경기 용인시 모현면 능원리 산3   연안이씨 중흥조묘
10) 경기 남양주시 삼패동 산29-1   청풍김씨 문의공파 묘역
11) 경기 고양시 덕양구 대자동 산70-2   최영장군묘
12) 경기 양평군 양서면 목왕리 산49   안동김씨묘
13) 경기 남양주 별내면 화접리 228-7   남재묘역

14) 경기 남양주시 능내리 산69-5　　한확선생묘
15) 경기 여주시 능서면 왕대리 901-3　　영릉(세종대왕)
16) 경기 양평군 양동면 쌍학리 314　　덕수이씨묘
17) 강원 춘천시 서면 방동리 823　　평산신씨 시조묘
18) 강원 삼척시 미로면 하사전리 산53　　연경묘
19) 강원 삼척시 미로면 활기리 92　　준경묘
20) 강원 강릉시 성산면 보광리 285-1　　강릉김씨 시조묘
21) 강원 원주시 행구동 산37　　원천석묘
22) 강원 횡성군 횡성읍 정암3리　　횡성고씨묘
23) 강원 영월군 영월읍 영흥리 산133-1　　단종묘(장릉)
24) 강원 정선군 남면 낙동리　　정선정씨 시조묘
25) 충북 청원군 남면 가산리 산18　　청주한씨 중시조묘
26) 충북 음성군 생극면 방축리 산7　　안동권씨묘
27) 충북 청원군 남일면 화당리 산2-8　　은진송씨묘
28) 충북 청원군 남이면 문덕리 산114-2　　은진송씨묘
29) 충북 괴산군 불정면 외령리 산44　　하동정씨묘
30) 충북 괴산군 괴산읍 능촌리 산24　　김석묘
31) 충북 괴산군 청천면 청천리 7-1　　송시열묘
32) 충남 예산군 덕산면 상가리 산5-28　　남연군묘
33) 충남 아산시 음봉면 동천리　　윤보선 선영
34) 충남 연기군 전의면 유천리 599　　전의이씨 시조묘

35) 충남 논산시 연산면 고정리 산7-4   광산김씨 김장생묘

36) 충남 논산시 연산면 고정리 293   김장생 조부묘

37) 충남 보령군 주교면 고정리 산27-3   한산이씨 토정묘

38) 대전 동구 마산동 96   고흥유씨묘

39) 대전 동구 판암동 529번지   송시열 부친묘

40) 대전 동구 사성동 30번지   송시열 6대조묘

41) 대전 유성구 전민동 18-17   김반묘(김장생 자)

42) 전북 완주군 덕진면 간중리 산2   밀산박씨묘

43) 전북 전주시 덕진구 덕진동 산28   전주이씨 시조묘

44) 전북 남원시 대강면 풍산리   황희 조부묘

45) 전북 고창군 아산면 반암리 616   김성수 조모묘

46) 전북 완주군 용진면 간증리 산2   밀양박씨 박침묘

47) 전북 순창군 유등면 건곡리 산86-14   옥천조씨 중시조묘

48) 전북 완주군 소양면 죽절리 산198   전주최씨 시조묘

49) 전남 영암군 반남면 흥덕리   반남박씨 시조 박응주묘

50) 전남 화순군 한천면 정리   능성구씨 2대조 구민첨묘

51) 전남 영광군 법성면 영광읍 신장리 744 청주한씨묘

52) 전남 장성군 북이면 명정리   여흥민씨묘

53) 전남 함평군 함평읍 성남리 산793-3   함평이씨 시조묘

54) 전남 장흥군 오룡쟁주형   옥룡자귀결록

55) 전남 담양군 대전면 평장리 2014-1   광산김씨 시조단

56) 경북 영천시 북안면 도유리 126번지　광주이씨 시조묘

57) 경북 안동시 북후면 물한리 96-1번지　선산공 이정묘

58) 경북 경주시 서악동 842　신라 태종무열왕릉

59) 경북 경주시 충효동 산7-10　김유신장군묘

60) 경북 포항시 북구 기계면 봉계리 522　파평윤씨 시조묘

61) 경북 포항시 북구 기계면 미현리 282　기계유씨 시조묘

62) 경북 포항시 북구 흥해읍 남송리 664　흥해최씨 시조묘

63) 경북 성주군 월항면 인촌리 산8　세조태봉

64) 경북 의성군 사곡면 도현리 602　의성김씨 시조묘

65) 경북 안동시 풍산읍 소산리 역골길 68　안동김씨묘

66) 부산 부산진구 양정동 469　동래정씨 시조묘

67) 경남 김해시 서상동 312　수로왕릉

68) 경남 합천군 묘산면 화양리 산53　반남박씨 중흥조묘

69) 경남 합천군 율곡면 내천리　완산전씨 전인묘

70) 경남 합천군 율곡면 갑산리 524　초계변씨 시조묘

71) 경남 합천군 쌍책면 성산리 산9　초계정씨 시조묘

72) 경남 의령군 유곡면 마두리 산57　이병철 회장 증조모묘

73) 경남 의령군 의령읍 서동 400　의령남씨 중시조묘

74) 경남 함양군 안의면 초동리 287　신인도묘

75) 경남 울주군 언양읍 반연리　경주손씨묘

76) 경남 창녕군 대지면 묘산리　창녕성씨 시조묘

8. 명당터와 출생 시의 기에너지 수준

명당터의 기에너지 수준이 144규빗인데, 놀랍게도 사람(동물 포함)이 세상에 태어날 때에도 동서양을 막론하고 누구든지 신체의 기에너지 수준(생체에너지)이 최고의 기에너지 수준인 144규빗으로 태어나는 것이 확인된다.

이는 인체의 생체에너지 상태를 최고의 수준으로 유지하면서 생명활동을 최대한으로 왕성하게 시작해나갈 수 있도록 한 창조의 신비가 내재되어 있다고 생각되는 부분이기도 하다.

명당터의 기에너지 수준이 사람이 태어날 때의 기에너지 수준과 동일하다는 사실에서 사람이 명당을 찾는 비밀을 알아낼 수 있다고 본다.

인체는 약 60조 개의 세포로 구성되어 있는데 이 세포가 가장 왕성한 생체활동을 통해 생명력을 유지하면서 살아가기 위해서 이 세상에 태어날 때의 기에너지 수준 144규빗과 동일한 수준의 지구환경을 찾게 되는 것이며, 이것이 바로 사람이 명당터를 찾는 이유가 된다고 보는 것이다.

따라서 명당터의 개념부터 다시 생각해보고자 한다. 필자가 기

이론을 배우고 체험한 사례와 연구 결과를 토대로 새로운 정의를 내린다면, '명당터라는 것은 우주와 맞닿아있는 지상공간에 형성된 기에너지와 지하구조에 따라 형성되는 지하 부분의 기에너지가 모두 결집되어 이루어진 지구상의 일정 면적의 터로서, 사람 등 생물체가 생명활동을 하기에 가장 적합한 지구환경의 지상공간'이라고 본다.

이러한 새로운 정의를 내릴 수 있는 근거로서는 $1m^2$ 크기의 소규모의 터에서부터 대형아파트 단지 등에 이르기까지 그 규모에는 관계없이 일정한 면적의 터에는 반드시 일정 수준의 기에너지가 형성된다는 것이 확인되며, 이 터의 기에너지 수준이 사람의 건강과 밀접한 관련을 가지고 사실도 확인되고 있다는 점을 제시하고자 한다.

우리가 자주 찾는 궁궐, 왕릉, 사찰 등 명당터의 기에너지 수준이 대부분 최고의 기에너지 수준인 144규빗으로 확인되고 있다. 사람이 머리를 짜내어 명당터를 찾아내는데 비해, 송과선의 기능이 온전하게 살아있는 야생동물들은 본능적으로 명당터에서 짝짓기를 하고, 새끼를 낳아 기르는 일정기간 동안은 반드시 명당터에서 살고 있다는 사실이 확인됨으로써 '명당터란 사람 등 생물체가 생명활동을 하기에 가장 적합한 지구환경의 터'라고 정의를 내리는 것에 무리가 없다고 확신하게 된다.

   사람이 태어날 때의 기에너지 수준과 명당터의 기에너지 수준이 144규빗으로 동일하다는 사실은 일정 수준의 기 수련자가 시간과 공간을 초월하여 정보를 전달하는 기의 특성을 이용하여 엘로드라는 기구를 통하여 필요한 대상의 기에너지 수준을 측정해냄으로써 가능한 것인데, 사람의 경우에는 대면하거나 사진을 보고 태어난 지 1개월 되었을 때의 신체의 기에너지 수준을 측정해 보면 되고, 명당터는 현장을 방문하거나 현장사진 또는 지번을 알아내어 터의 범위를 특정하고 그 터의 평균 기에너지 수준을 측정해내는 방법을 사용하게 된다.

9. 명당터에서 짝짓기 하는 동물들

거북이, 캥거루, 사슴, 얼룩말, 사자, 침팬지, 왈라비, 표범, 코끼리, 백로, 장수풍뎅이, 호랑이, 북극곰, 얼룩개구리, 불곰 등 야생동물이 짝짓기를 하는 장소는 명당터라는 것이 확인된다.
　더욱 놀라운 것은 명당터에서도 중심이 되는 명당 혈자리를 정확하게 선택하고 있다는 사실이다. 종족보존의 본능이 가장 온전하게 이루어지고 있는 자연의 이치를 확인하면서 숙연한 생각까지 든다.
　특히 불곰이 대형트럭이 지나가다가 정지하여 사람들이 카메라를 들이대고 있는 도로의 중앙지점에서, 그리고 코끼리가 육지가

사자가 짝짓기하는 곳은 명당터이다

아닌 강가의 발이 물에 잠기는 위치에서 짝짓기를 하는 모양새를 보면 동물은 얼마나 철저하게 자연의 이치에 순응하고 있는가를 다시 생각하게 한다. 명당터의 중심이 되는 명당 혈자리도 엘로드를 이용하여 정확하게 찾아낼 수 있다는 것을 부연한다.

연어의 산란장소인 남대천 상류는 명당터이다. 회귀본능으로 유명한 연어가 산란시기가 되면 북태평양에서 수천km의 여행을 하며 강원도 양양의 남대천 상류로 돌아온다는 사실은 널리 알려져 있다. 미국 오리건주립대학의 연구팀은 연어가 지구자기장 지도(magnetic map)를 체내에 내장한 상태로 태어난다는 연구결과를 발표하였으며, 생체시계와 생체나침판이 있어 방향을 감지할 수 있는 놀라운

불곰이 짝짓기하는 도로 위도 명당터이다

능력이 있고 고향의 물냄새를 기억하고 있다는 설명도 있다.

필자는 이러한 이유들과는 별도로 연어가 산란을 하려고 수천 km를 여행하여 찾아오는 이유는 남대천 상류가 새끼를 낳아서 기르기에 최적의 지구환경인 명당터(기에너지 수준 144규빗)이기 때문이라는 의견을 제시하는데, 연어는 선천적이고 본능적으로 이러한 터를 인지할 수 있는 능력(송과선의 능력)을 가지고 태어난 것으로 본다.

남극 대륙에서는 눈보라가 치는 허허벌판이나 다름없는 극한지대에서 황제펭귄이 무리를 지어 모여서 서로의 체온을 보호하면서 알을 부화하고, 암수의 어미 펭귄이 번갈아가며 부근에서 고기를 잡아다가 새끼에게 먹이면서 생활하는 것을 영상을 통해 볼 수

연어가 알을 낳는 곳도 명당터이다

있는데, 이 펭귄이 모여있는 곳도 명당터로 확인되고 있다.

까치도 명당터의 혈자리에서 자라고 있는 나무의 위에 둥지를 짓는 것이 확인된다. 이는 필자가 2019. 3월부터 한 달간 안양시 만안구 병목안로 169번지~296번지 수리산 주변 일대 2~3km가량을 도보로 관찰하면서 까치집이 지어져 있는 나무 35그루를 모두 점검하면서 확인하였고, 그 외 관악산과 서울 명륜동 로터리 부근에서도 확인할 수 있었다. 까치는 명당터의 혈자리를 찾아 둥지를 지어 짝짓기를 하고, 그 둥지에서 새끼를 키운다는 것을 미루어 짐작할 수 있다.

펭귄이 무리지어 사는 곳도 명당터이다

1950년대 어린 시절에 살던 시골 동네에는 울안에 까치집이 있는 집들을 더러 볼 수 있었는데, 그때는 지금과는 달리 우리 부모님들이 비교적 양지바르고 주거환경이 좋은 집터를 선택하여 집을 지을 수 있는 여지가 많았겠지만, 까치집이 있는 그 집은 분명 명당터였을 것이다.

　공원의 명당터 혈자리에서 토끼가 새끼를 낳아 기르고 있으며, 가오리가 해변가 모래사장의 명당터 혈자리에서 새끼를 낳고 있다.
　2019. 7. 3. SBS TV 동물농장 프로그램에서 천연기념물인 원앙새가 20층 아파트 옥상의 한 귀퉁이에서 8마리의 새끼를 부화

까치도 명당터에 집을 짓는다

하는 장면을 방영하면서 이 원앙새들을 동물보호센터로 이송하는 과정까지를 보여주었는데, 옥상 위에서 둥지를 튼 위치는 명당터의 혈자리로 확인되고 있다.

국제적 생태보존지역인 경남 창녕군 소재 우포늪 생태공원도 명당터로 확인된다. 경남 창원군 유어면 세진리 232 소재 우포늪 생태공원은 면적 32,000여 평의 국내 최대 규모의 내륙 늪지대로 1998년 람사르협약에 의하여 국제적 생태보존지역으로 지정된 곳인데, 800여 종의 식물, 209종의 조류, 28종의 어류, 180종의 저서성 대형무척추동물, 17종의 포유류 등 수많은 생물이 서식하고 있는 생태계의 보고寶庫로 알려져 있으며 늪지대 전역이 평균

토끼가 새끼를 낳는 곳이 명당이다

기에너지 수준 144규빗의 명당터로 확인된다.

우포늪 전체가 명당터이다

10. 명당터는 큰 인물을 배출

명당터에서 태어난 아이는 24개월 동안 최고수준 144규빗의 생체에너지를 유지하는데 비해서, 명당터가 아닌 중등급의 터 이하에서 태어난 아이는 12개월 동안만 최고 기에너지 수준을 유지하는 것으로 밝혀져 명당터에서 태어난 아이가 두뇌 발달에 앞서고 있다고 본다.

명당터에서 태어난 사람은 세상을 살아가면서 남보다 우월한 경쟁력을 가지고 살아가는 것이 곳곳에서 확인되고 있는데 여기에는 그럴만한 근거가 있다고 보인다.

사람은 누구나 똑같이 태어날 때에는 생체활동이 가장 활발할 수 있는 최고수준의 144규빗의 기에너지 수준으로 태어나지만, 명당터에서 태어난 아이는 24개월 동안 최고수준 144규빗의 생체에너지를 유지하는데 비해서, 명당터가 아닌 중등급의 터 이하에서 태어난 아이는 12개월 동안만 144규빗의 최고 기에너지 수준을 유지하는 것으로 밝혀져 명당터에서 태어난 아이가 두뇌 발달에서 앞서고 있다고 보는 것이다.

이는 의학계나 교육계에서 사람의 두뇌는 3살 이전에 85% 이상이 발달된다고 보고 있는 견해와 우리의 속담에 '세 살 버릇 여든까지 간다.'는 선조들의 지혜가 함축된 속담으로도 뒷받침되고 있다고 생각한다. 명당터에서 태어난 것으로 확인하는 방법은 24개월 되었을 때의 기에너지 수준을 측정해서 144규빗일 경우에 명당터에서 태어난 것으로 보면 된다.

명당터에서 태어난 것으로 확인되는 사람들의 구체적 실례를 들어본다.

2019년 6월 16일, 폴란드에서 개최된 U-20 세계축구선수권대회에서 대한민국을 월드컵 결승전까지 견인하고 아르헨티나 출신의 리오넬 메시 선수 이래 14년 만에 18세의 나이에 최우수선수상인 골든볼을 수상한 자랑스러운 이강인(2001년 2월 19일생, 스페인 발렌시아 축구팀 소속) 선수가 명당터에서 태어나서 2011년 스페인으로 유학을 갈 때까지 그 집에서 살았고, 그가 2009년도에 입학하여 3학년 때까지 재학하였던 인천 석정초등학교(인천 남동구 간석동 614-5 소재)도 명당터로 확인되고 있어, 천재적인 재질을 가진 사람은 명당터에서 태어나는 경우가 많다는 것을 뒷받침해주고 있다고 하겠다.

축구황제로 불리는 펠레(1940년생, 브라질), 2002년 한일 월드컵대회에서 득점왕이 된 호나우두(1976년생, 브라질), 2010년대의 축구 천재 리오넬 메시(1987년생, 아르헨티나, 스페인 레알마드리드 소속)가 또한 명당터에서 태어난 것이 확인되는 것도 같은 맥락이다.

    2019. 8. 15. 러시아 '라멘스크의 기적'이 방송 뉴스로 소개되었다. 모스크바를 떠난 비행기가 갈매기떼를 만나 엔진 고장을 일으키자 침착하게 올바른 속도를 유지하며 옥수수밭에 동체착륙을 성공시켜 승객 233명 전원을 구한 유수포프(41세) 기장에 대한 이야기다. 변호사 출신으로 32세에 파일럿이 되어 3,000시간의 비행기록을 가지고 있는 그는 '러시아 영웅' 칭호를 수여받았는데 기자들의 질문에는 "많은 사람들이 영웅이라 말하지만, 나는 내가 해야 할 일을 한 것뿐이다."라고 겸손하게 말했다는 것이다. 이 유수포프 기장은 명당터에서 태어난 것으로 확인된다.

203명 탄 러시아 여객기 옥수수밭 동체 착륙

2018년 3월 28일, SBS TV방송의 '영재발굴단' 프로그램에서는 세계사를 통달하고 있다는 8세의 박도현 군이 출연하여 서양의 역사적인 인물인 줄리어스 시저에 대해서 평가를 해달라는 평가 교수단의 질문을 받고 서슴없이 대답하여, 8세의 어린이가 그냥 역사적인 사실에 대한 암기 수준의 지식이 아닌 특정 인물에 대하여 일정한 평가를 할 수 있다는 사실에 대해 참여 교수들 모두가 놀라워하였는데, 박 군은 명당터에서 태어난 것이 확인된다.

    2018년 5월 7일, SBS TV 방송의 '생활의 달인' 프로그램에서는 31세의 루어낚시의 달인 최재영 씨가 소개되었다. 루어 낚시는 인조 미끼를 얼마나 살아있는 것처럼 보이게 하느냐의 기술인데 달인은 물고기가 돌 틈에서 나오는 시간까지 알아내고 인조 미끼가 살아있는 것처럼 현란하게 움직이는 솜씨를 보였다. 초등학교 4년부터 시작하여 현재 경력 19년이라는데 최 씨도 명당터에서 태어난 사람으로 확인된다.

    2019년 6월 26일, SBS TV 방송의 '영재발굴단' 프로그램에서는 전국소년체전 골프 부문에 처음으로 출전하여 여초등부 단체전(경남 대표) 금메달, 개인전 은메달을 딴 12세의 이효송(여) 어린이가 소개되었는데, 성인여자 골퍼의 수준을 넘어 드라이버 비거리 250m를 치는 정도의 실력을 보였다. 이 어린이는 명당터에서 태어나고 현재도 명당터에서 살고 있는 것이 확인된다.

고금의 시대를 통해 사회 각계에서 국가·사회를 위해서 헌신한 인물들 중에서 명당터에서 태어난 사실이 확인되는 경우는 상당히 많다. 이분들의 공통적인 특징은 공동선을 추구하고 다른 사람에게 나름대로 모범을 보여주고 있는 점이라고 하겠다.

1. 퇴계 이황(李滉, 1501년~1584년): 조선 중기의 문신으로 성균관 대사성, 대제학을 역임한 대학자.
2. 율곡 이이(李珥, 1536년~1584년): 조선 중기의 문신으로 이조판서를 역임한 대학자, 신사임당의 아들.
3. 다산 정약용(丁若鏞, 1762년~1836년): 조선 후기에 《목민심서》 등을 저술하고 실학을 집대성한 학자.
4. 의암 손병희(孫秉熙, 1861년~1922년): 일제강점기에 3·1운동의 주역인 천도교 지도자이며 독립운동가.
4. 남강 이승훈(李昇薰, 1864년~1930년): 3·1운동 민족대표 33인중 한 사람으로 독립운동가, 오산학교의 설립자.
5. 우남 이승만(李承晩, 1875년~1065년): 대한민국 건국대통령, 국내 최초의 박사학위 취득자, 한미상호방위조약 체결.
6. 도산 안창호(1878년~1938년, 독립운동가)
7. 벽초 홍명희(1888년~1968년, 소설가)

8. 육당 최남선(1890년~1957년, 시인)

9. 춘원 이광수(1892년~1950년, 소설가)

10. 길영희(1900년~1984년, 교육가)

11. 노산 이은상(1903년~1982년, 시조시인)

12. 이병철(1910년~1987년, 기업가)

13. 정주영(1915년~2001년, 기업가)

14. 박정희(1917년~1979년, 전 대통령)

15. 정재원(1917년~2017년, 기업가)

16. 조지훈(1920년~1968년, 시인)

17. 남덕우(1924년~2013년, 전 국무총리)

18. 김형석(1920년~, 교수)

19. 김남조(1927년~, 시인)

20. 전두환(1931년~, 전 대통령)

21. 박완서(1931년~, 소설가)

22. 김혜자(1941년~, 영화배우)

23. 이상용(1944년~, 방송인)

24. 이춘근(1952년~, 교수)

25. 안성기(1952년~, 영화배우)

외국인으로써 특출한 인물들이 명당터에서 태어난 것으로 확인되는 사례도 많다.

발명왕 에디슨(1847년~1931년, 미국), 천재 물리학자 아인슈타인 (1879년~1955년, 독일), 엘리자베스 여왕(1926년~, 영국), 인천상륙작전의 더글러스 맥아더 장군(1880년~1964년, 미국), 트럼프 대통령(1946년~, 미국), 푸틴 대통령(1952년~, 러시아), 마크롱 대통령(1976년~, 프랑스).

V 명당터 찾아보기

11. 조선왕조의 궁궐
12. 세계문화유산 조선 왕릉
13. 삼국시대의 사찰
14. 내 집터의 기에너지 수준

V. 명당터 찾아보기

이해를 돕기 위해 우리가 흔히 찾는 명당터라는 왕궁과 군왕 묘소, 고찰古刹의 기에너지 수준을 측정해서 명당터인지 여부를 확인해본다.

11. 조선왕조의 궁궐

창덕궁昌德宮은 태종 5년인 1405년 경복궁에 이어 두 번째로 지어진 조선의 궁궐로 정궁인 경복궁 동쪽에 위치하여 동궐東闕이라 부르기도 하는 곳이다.

풍수사상에 따라 뒤쪽으로 북악산 매봉이 있고 앞으로는 금천이 흘러 배산임수를 이루고 있으며, 북쪽으로 산을 등지고 550,916m²의 산자락에 자리 잡은 궁궐이다. 주변 지형과 조화를 이루도록 건축하여 가장 한국적인 궁궐이라는 평가와 함께 원형이 잘 보존되어 있고, 한국의 유일한 궁궐 후원後苑이라는 가치가 높이 평가되어 1997년에 유네스코가 지정하는 세계문화유산으로

창덕궁 후원

등록된 곳이기도 하다. 이 궁궐터의 평균 기에너지 수준은 144규빗으로 가장 완벽한 명당터임이 확인되고 있다. 500년 조선왕조 역사에서 가장 오랫동안 임금이 거처한 궁궐이기도 하며, 현재의 위치는 서울특별시 종로구 율곡로 99번지이다.

경복궁景福宮은 조선왕조의 정궁正宮으로 현재의 서울 종로구 세종로 1번지에 432,702.87m² 규모로 태조4년인 1395년에 축조되었다. 그 터의 평균 기에너지 수준은 136규빗으로, 근정전 일대 반경 약 88m의 규모가 144규빗의 명당터로 확인되며, 경회루 일대와 건청궁 터 등에는 기에너지 수준이 122규빗 이하의 수맥파 유입지역이 포함되어 있어 궁궐터 전체가 명당터라 할 수는 없다.

역사적으로 보아도 태조 때에 왕위 계승과 관련하여 두 번에 걸친 왕자의 난이 일어났고, 제4대 임금인 단종이 이 궁궐에서 쫓겨났으며, 제11대 임금인 중종 때에 조광조가 왕의 친국親鞫에 이어 사약까지 받는 일이 있어났고, 1895년 제27대 임금 고종 때에는 명성황후가 왜인의 손에 시해당하는 일까지 벌어졌던 곳이다.

창경궁昌慶宮은 성종14년 1483년에 건축한 궁궐로 서쪽으로 창덕궁과 붙어있고, 남쪽으로 종묘와 통하는 위치에 216,774m²의 규모로 자리 잡고 있으며, 창덕궁과 함께 동궐이라 부르기도 하였다. 평균 기에너지 수준은 135규빗으로 경복궁과 비슷한 수준이

창경궁

고 환경전, 통영전, 양화당 일대가 기에너지 수준 144규빗인 명당터로 확인되고 있는 반면, 춘당지 아래쪽 위치에 수맥파가 유입되고 있음이 확인되고 있어 궁궐터 전체가 명당터라 할 수는 없다. 역사적으로는 숙종때 인현왕후를 저주한 장희빈이 처형된 곳이고, 영조가 사도세자를 뒤주에 가두어 죽인 일 등 크고 작은 궁중 비극이 일어난 곳이기도 하다. 현재의 지번은 종로구 창경궁로 185번지.

경운궁(慶運宮, 덕수궁)은 성종의 형인 월산대군의 집터였던 것을 임진왜란 이후 1593년 선조의 임시 거처로 사용되어 정릉동 행궁貞陵洞 行宮이라 불리다가 광해군이 이곳에서 즉위한 후 1611년 경운궁慶運宮이라 개칭하였으며 1897년 고종이 이곳으로 거처를 옮기면서 본격적인 궁궐의 건립이 이루어졌고, 1907년 순종이 즉위하고 창덕궁으로 옮기면서 덕수궁德壽宮으로 이름이 바뀌었다. 궁궐터는 67,048m² 로 5대 궁궐 중 가장 규모가 작지만, 평균 기에너지 수준은 142규빗으로 준 명당터라고 볼 수 있다. 현재의 지번은 중구 세종대로 99번지.

경희궁慶熙宮은 광해군 10년 1623년에 건립 후 10대에 걸쳐 임금이 정사를 보았던 궁궐로 서쪽에 있어 서궐西闕이라고도 하였고 새문안대궐이라고도 했다. 조선왕조의 3대 궁궐로 꼽히며 뒤쪽에는 울창한 수림이 잘 보존되어 궁궐의 자취를 잘 간직하고 있는데 원래 이름은 경덕궁慶德宮이었으나 영조 36년 1760년에 경희궁으로 개칭되었다. 궁궐터의 규모는 101,174m² 이고 평균 기에너지 수준은 144규빗으로 궁궐터 전체가 명당터로 확인된다. 현재의 지번은 종로구 새문안로 45번지.

12. 세계문화유산 조선 왕릉

다음은 우리나라에서 대표적인 명당터로 알려져 있는 조선 왕릉에 대하여 구체적으로 기에너지 수준을 측정하면서 확인해보도록 하겠다. 확인하는 방법은 필자가 대부분의 현장을 답사하기도 하였지만, 왕릉의 지번地番과 사진寫眞을 활용하여 엘로드로 왕릉터의 평균 기에너지 수준을 측정하여 그 수치가 144규빗일 경우에만 명실상부한 명당터로 판정하는 방법이다.

조선 왕릉은 519년 동안 지속된 한 왕조의 왕과 왕비의 무덤이 완벽하게 보존되어 있는 유적지다. 왕릉은 모두 42기인데, 그중 북한 땅에 소재하고 있는 2기를 제외한 40기가 2009년 세계 문화유산으로 등록되었으며, 자연을 중시하는 풍수지리설의 영향을 받아 거의 대부분이 명당터에 자리 잡고 있다. 임금의 참배 행렬이 하루 안에 도달할 수 있는 거리인 100리(도읍지의 4대문 10리 밖에서 80리로 정함) 미만의 거리에 조성하는 것을 원칙으로 하여 세종대왕릉(여주)과 단종왕릉(영월)을 제외하고는 주로 한양 도성 외곽의 동남쪽과 서북쪽에 위치하고 있다. 조선왕조朝鮮王朝 519년간의 27대에 걸친 왕들을 모신 능을 하나하나 확인해 나가기로 한다.

건원릉健元陵: 경기도 구리시 인창동 산4-1번지.

제1대 태조太祖임금(1335~1408)을 모신 단릉單陵으로, 구리시 동구릉東九陵 내에 위치하고 있다. 봉분에 고향인 함경도 영흥에서 가져온 억새풀이 심어져 있는 것이 특색이며, 고려왕조高麗王朝에서 가장 잘 정비되었다는 왕릉인 공민왕恭愍王과 노국공주魯國公主의 현정릉(玄正陵-雙陵) 제도를 기본으로 조성된 것으로 조선 왕릉의 교과서적인 능으로 본다고 한다. 기에너지 측정수치는 144규빗으로 명당터로 확인된다.

건원릉

후릉厚陵: 황해도 개풍군 흥교면 흥교리

제2대 정종定宗임금(1357~1419)과 정안왕후定安王后를 모신 쌍릉雙陵으로 기에너지 측정 수치는 144규빗으로 명당터로 확인된다.

헌릉獻陵: 서울특별시 서초구 내곡동 산13-1번지.

제3대 태종太宗임금(1367~1422)과 원경왕후元敬王后를 모신 쌍릉雙陵으로, 기에너지 측정 수치는 144규빗으로 명당터로 확인된다.

영릉英陵: 경기도 여주시 능서면 왕대리 907-2번지.

제4대 세종世宗임금(1397~1450)과 소헌왕후昭憲王后를 모신 합장릉

헌릉

合葬陵으로, 기에너지 측정 수치는 144규빗 명당터로 확인된다.

현릉顯陵: 경기도 구리시 인창동 산6-3번지.

제5대 문종文宗임금(1414~1452)과 현덕왕후顯德王后를 모신 동원이강릉(同原異岡陵; 능이 마주 보이는 두 개의 언덕에 나뉘어 위치함)으로, 구리시 동구릉東九陵 내에 위치하고 있으며, 기에너지 측정 수치는 144규빗으로 명당터로 확인된다.

장릉莊陵: 강원도 영월군 영흥리 산133-4번지.

제6대 단종端宗임금(1441~1457)을 모신 단릉單陵으로, 기에너지 측

장릉

정 수치는 144규빗으로 명당터로 확인된다.

광릉光陵: 경기도 남양주시 진접읍 부평리 246-3번지.

조선왕조의 제7대 세조世祖임금(1417~1468)과 정희왕후貞熹王后를 모신 전형적인 동원이강릉東原異岡陵으로, 묘소터의 규모가 무려 2,494,800m²에 달하여 풍수가들이 쌍용농주형(雙龍弄珠形, 두 마리 용이 여의주를 가지고 노는 형상)이라고 하며, 자리가 좋아 이후 400여 년간 세조의 후손들이 조선을 다스리게 되었다는 설명을 붙이기도 한다. 묘소터 전체의 평균 기에너지 측정수치는 144규빗으로 명당터로 확인된다.

광릉

창릉昌陵: 경기도 고양시 덕양구 동산동 300-91번지.

조선왕조 제8대 예종睿宗임금(1450~1469)과 안순왕후安順王后를 모신 동원이강릉同原異岡陵으로, 고양시 서오릉西五陵 내에 있으며, 기에너지 측정 수치는 144규빗으로 명당터로 확인된다.

선릉宣陵: 서울특별시 강남구 삼성동 133번지.

조선왕조 제9대 성종成宗임금(1457~1494)과 정현왕후貞顯王后를 모신 동원이강릉同原異岡陵으로, 서울 삼성동에 있으며, 기에너지 측정 수치는 144규빗으로 명당터로 확인된다.

연산군묘燕山君墓: 서울특별시 도봉구 방학동 산77번지.

조선왕조 제10대임금 연산군(燕山君, 1476~1506)과 거창군부인居昌郡府人 신씨愼氏를 모신 쌍분雙墳으로, 서울 방학동에 있으며, 기에너지 측정 수치는 137규빗으로 명당터는 아닌 곳으로 확인된다.

정릉靖陵: 서울특별시 강남구 삼성동 131번지.

조선왕조 제11대 중종中宗임금(1488~1544)을 모신 단릉單陵으로, 서울 삼성동에 있으며, 기에너지 측정 수치는 141규빗으로 준명당터로 확인된다.

연산군묘

효릉孝陵: 경기도 고양시 덕양구 원당동 산40-2번지.

조선왕조 제12대 인종仁宗임금(1515~1545)과 인성왕후仁聖王后를 모신 쌍릉雙陵으로, 고양시 서삼릉西三陵 내에 위치하고 있으며, 기에너지 측정 수치는 144규빗으로 명당터로 확인된다.

강릉康陵: 서울특별시 노원구 공릉동 산226번지.

조선왕조 제13대 명종明宗임금(1534~1567)과 인순왕후仁順王后를 모신 쌍릉雙陵으로, 서울 공릉동에 위치하고 있으며, 기에너지 측정 수치는 144규빗으로 명당터로 확인된다.

목릉穆陵: 경기도 구리시 인창동 산3-4번지.

조선왕조 제14대 선조宣祖임금(1552~1608)과 의인왕후懿仁王后, 인

목왕후仁穆王后를 모신 동원이강릉同原異岡陵으로, 구리시 동구릉東九陵 내에 위치하고 있으며, 기에너지 측정 수치는 144규빗으로 명당터로 확인된다.

광해군묘光海君墓: 경기도 남양주시 진건읍 송능리 산59번지.

조선왕조 제15대 임금 광해군(光海君, 1575~1641)과 문성군부인文城郡夫人 유씨柳氏를 모신 쌍분雙墳으로, 남양주에 위치하고 있으며, 기에너지 측정 수치는 144규빗으로 명당터로 확인된다.

장릉長陵: 경기도 파주시 탄현면 갈현리 산25-1번지.

조선왕조 제16대 인조仁祖임금(1595~1649)과 인렬왕후仁烈王后를 모신 합장릉合葬陵으로, 파주시에 위치하고 있으며, 기에너지 측정 수치는 144규빗으로 명당터로 확인된다.

녕릉寧陵: 경기도 여주군 능서면 왕대리 산83-1번지.

조선왕조 제17대 효종孝宗임금(1619~1659)과 인선왕후仁宣王后를 모신 동원상하릉同原上下陵으로, 경기도 여주군에 위치하고 있으며, 기에너지 측정 수치는 144규빗으로 명당터로 확인된다.

숭릉崇陵: 경기도 구리시 인창동 산11-2번지.

조선왕조 제18대 현종顯宗임금(1641~1674)과 명성왕후明聖王后를 모신 쌍릉雙陵으로, 구리시 동구릉東九陵 내에 위치하고 있으며, 기에너지 측정 수치는 144규빗으로 명당터로 확인된다.

명릉明陵: 경기도 고양시 용두동 475-94번지.

조선왕조 제19대 숙종肅宗임금(1661~1720)과 인현왕후仁顯王后, 인원왕후仁元王后를 모신 쌍릉雙陵과 단릉單陵으로, 고양시에 위치하고 있으며, 기에너지 측정 수치는 144규빗으로 명당터로 확인된다.

의릉懿陵: 서울특별시 성북구 석관동 333-2번지.

조선왕조 제20대 경종景宗임금(1688~1724)과 선의왕후宣懿王后를 모신 동원상하릉東原上下陵으로, 서울 석관동에 위치하고 있으며, 기에너지 측정 수치는 144규빗으로 명당터로 확인된다.

원릉元陵: 경기도 구리시 인창동 산8-2번지.

조선왕조 제21대 영조英祖임금(1694~1776)과 정순왕후貞純王后를 모신 쌍릉雙陵으로, 구리시 동구릉東九陵 내에 위치하고 있으며, 기에너지 측정 수치는 144규빗으로 명당터로 확인된다.

건릉健陵: 경기도 화성시 안녕동 187-1 번지.

조선왕조 제22대 정조正祖임금(1752~1800)과 효의왕후孝懿王后를 모신 합장릉合葬陵으로, 화성시에 위치하고 있으며, 기에너지 측정 수치는 144규빗으로 명당터로 확인된다.

인릉仁陵: 서울특별시 서초구 내곡동 산13-1번지.

　조선왕조 제23대 순조純祖임금(1790~1834)과 순원왕후純元王后를 모신 합장릉合葬陵으로, 서울 내곡동에 위치하고 있으며, 기에너지 측정 수치는 144규빗으로 명당터로 확인된다.

경릉景陵: 경기도 구리시 인창동 산9-2번지.

　조선왕조 제24대 헌종憲宗임금(1827~1849)과 효현왕후孝顯王后, 효정왕후孝定王后를 모신 삼연릉三連陵으로, 구리시 동구릉東九陵 내에 위

경릉

치하고 있으며, 기에너지 측정 수치는 144규빗으로 명당터로 확인된다.

예릉睿陵: 경기도 고양시 덕양구 원당동 산37-3번지.

조선왕조 제25대 철종哲宗임금(1831~1863)과 철인왕후哲仁王后를 모신 쌍릉雙陵으로, 고양시 서삼릉西三陵 내에 위치하고 있으며, 기에너지 측정 수치는 144규빗으로 명당터로 확인된다.

홍릉洪陵: 경기도 남양주시 금곡동 141-3번지.

조선왕조 제26대 고종황제(高宗皇帝, 1852~1919)와 명성황후明成皇后를 모신 합장릉合葬陵으로, 남양주시에 위치하고 있으며, 기에너지 측정 수치는 144규빗으로 명당터로 확인된다.

유릉裕陵: 경기도 남양주시 금곡동 141-2번지.

조선왕조 마지막임금 제27대 순종황제(純宗皇帝, 1874~1926)와 순명효황후純明孝皇后, 순정효황후純貞孝皇后의 세 분을 함께 모신 합장릉合葬陵으로, 남양주시에 위치하고 있으며, 기에너지 측정 수치는 144규빗으로 명당터로 확인된다.

13. 삼국시대의 사찰

다음은 궁궐, 왕릉과 더불어 대표적인 명당터로 알려져 있는 사찰 오대총림(五大叢林, 선원. 강원. 율원을 모두 갖춘 큰 사찰)에 대하여 알아본다. 동일한 방법으로 지번地番과 사진을 활용하여 엘로드로 사찰터의 평균 기에너지 수준을 측정하여 그 수치가 144규빗일 경우에 명당터로 판정한다.

통도사通度寺: 경상남도 양산시 하북면 지산리.

우리나라 최초로 부처님의 진신사리眞身舍利를 모신 불보사찰佛寶寺刹로 삼대사찰 가운데 하나이다. 신라 선덕여왕 12년 643년에 자장율사慈藏律師가 창건하였고, 조계종 제15교구 본사本寺이다. 경남 양산시 영취산(靈鷲山, 1,081m) 자락에 자리 잡고 있는데 사찰터의 평균 기에너지 수준은 144규빗으로 명당터이다.

해인사海印寺: 경상남도 합천군 가야면 치인리.

불교의 진리를 기록한 경전(八萬大藏經)을 소장한 법보사찰法寶寺刹로 우리나라 3대 사찰 가운데 하나이다. 신라 애장왕 3년 802년에 의상대사義湘大師의 법손인 순응順應. 이정理貞 두 스님이 창건하였고, 조계종 제12교구 본사이다. 경남 합천군 가야면 가야산(伽倻山, 1,430m) 자락에 자리 잡고 있는데 사찰의 면적은 18,581,388m² 이

해인사

고, 사찰 터의 평균 기에너지 수준은 144규빗으로 명당터이다.

송광사松廣寺: **전라남도 순천시 송광면 신평리 12번지.**

고려조, 조선조에 이르기까지 국사 16명을 배출하는 등 훌륭한 스님을 많이 배출한 승보사찰僧寶寺刹로 통도사, 해인사와 함께 우리나라의 3대 사찰 가운데 하나이다. 창건연대는 정확치 않으나 신라말 혜린慧璘선사가 창건한 것으로 알려져 있다. 조계종 제21교구 본사이다. 전남 순천시 송광면 조계산(曹溪山, 884m) 서쪽 편 중턱에 자리 잡고 있으며, 사찰의 면적은 44,297㎡ 이고, 사찰터의 평균 기에너지 수준은 144규빗으로 명당터이다.

수덕사修德寺: 충청남도 예산군 덕산면 사천리.

백제 위덕왕 재위(554년~597년) 시에 지명법사知命法師가 창건한 것으로 추정하고 있으며, 조계종 제7교구 본사이다. 충남 예산군 덕산면 덕숭산(德崇山, 495m) 기슭에 자리 잡고 있으며, 사찰터의 평균 기에너지 수준은 144규빗으로 명당터이다.

백양사白羊寺: 전라남도 장성군 북하면 약수리.

백제 무왕 33년(632년)에 승려 여환如幻이 창건하였으며, 조계종 제18교구 본사이다. 전라남도 장성군 북하면 약수리 백암산(白巖山, 772m) 기슭에 자리 잡고 있으며, 사찰터의 평균 기에너지 수준은 144규빗으로 명당터이다.

백양사

14. 내 집터의 기에너지 수준

필자는 지금까지 내가 살고 있는 집터가 좋은지 손쉽게 알아보는 방법이 있다고 하면서 상당히 긴 설명을 한 셈인데, 이쯤해서 실제로 거주하고 있는 아파트의 터가 좋은지를 살펴보기로 한다.

필자의 주거지는 대한민국 경기도 안양시 만안구 병목안로 220(안양동 1094-1번지)에 있는 11층 아파트다. 안양역 서쪽의 수리산 자락에 시민공원을 끼고 있어 비교적 공기 좋고 조용한 곳이다. 2009년에 이사왔을 때의 기에너지 수준은 137규빗으로 중상등급터이고, 지금은 아파트 단지 전체를 명당터로 만들었기 때문에 144규빗의 기에너지 수준을 유지하는 최상급의 터에서 살고 있는 셈이다.

시야를 아주 넓혀서 내가 살고 있는 주거지의 주변 여건을 기에너지 수준을 가지고 비교하는 방법으로 조명해보는 것이 필요할 것 같다. 먼저 대한민국의 평균 기에너지 수준을 다른 나라와 비교해본다.

우리나라는 국토면적이 100,210km² 인데 편의상 G20 국가와 북한, 스위스, 부탄왕국의 26개국을 비교 검토해본 결과 인도와 중국 사이의 히말라야산맥 동부에 위치하고 있는 부탄왕국이 평균 기에너지 수준 144규빗으로 제일 좋고, 대한민국이 136규빗으로 두 번째로 좋은 나라이며, 세 번째가 독일로 135규빗, 네 번째로 좋은 나라가 미국, 터키, 스웨덴, 일본, 그리스, 스위스 6개국으로 134규빗이다.

세계에서 행복지수 1위라는 부탄왕국이 나라 전체가 명당터라는 것은 경이로운 사실이며, 예로부터 우리나라를 금수강산이라고 일컬었다는 말도 예사롭지 않게 다가온다.

경기도는 어떤가. 경기도는 10,175km² 의 면적에 평균 기에너지 수준이 135규빗으로, 충청북도 137규빗, 울산광역시, 강원도, 전라북도, 제주도가 136규빗이어서 세 번째로 기에너지 수준이 좋은 시도市道에 속한다.

안양시를 도내 다른 도시와 비교해보면 남양주시가 138규빗으로 제일 좋고, 안양시는 134규빗으로 사람이 건강한 수준으로 살기에는 무난하다 하겠다. 안양 시내에 국한하여 보면 석수1동의 139규빗에 이어 안양9동은 137규빗으로 두 번째로 좋은 지역이다.

다음은 우리가 일상생활에서 등산을 즐기는 좋은 산들 중에 국립공원으로 지정된 17개 명산을 중심으로 평균 기에너지 수준을 알아보기로 한다. 기에너지를 측정하는 방법을 다시 한번 설명하면 국립공원의 지도를 보면서 그 면적을 제시하고 엘로드로 전체의 평균 기에너지 수준을 측정해내는 방법이다.

지리산智異山국립공원: 440,485km²   기에너지 수준 138규빗

주왕산周王山국립공원: 105,582km²   기에너지 수준 138규빗

설악산雪嶽山국립공원: 373km²   기에너지 수준 142규빗

소백산小白山국립공원: 320.5km²   기에너지 수준 136규빗

오대산五臺山국립공원: 304km²   기에너지 수준 135규빗

월악산月岳山국립공원: 288km²   기에너지 수준 137규빗

속리산俗離山국립공원: 283.4km²   기에너지 수준 138규빗

덕유산德裕山국립공원: 232km²   기에너지 수준 138규빗

치악산雉嶽山국립공원: 181.3km²   기에너지 수준 135규빗

한라산漢拏山국립공원: 149km²   기에너지 수준 143규빗

내장산內藏山국립공원: 82km²   기에너지 수준 135규빗

북한산北漢山국립공원: 78,54km²   기에너지 수준 138규빗

가야산伽倻山국립공원: 77.074km²   기에너지 수준 137규빗

무등산無等山국립공원: 75.425km²   기에너지 수준 135규빗

태백산太白山국립공원: 70.1km²   기에너지 수준 137규빗

계룡산鷄龍山국립공원: 65.3km²   기에너지 수준 136규빗

월출산月出山국립공원: 41.88km²   기에너지 수준 134규빗

한라산

설악산

    전체적으로 볼 때 기에너지 수준이 제일 좋은 국립공원은 한라산으로 평균 기에너지 수준은 143규빗으로 준명당터 수준이다. 육지에서 제일 기에너지 수준이 좋은 국립공원은 설악산인데 그 평균 기에너지 수준은 142규빗으로 역시 준 명당터로 분류할 수 있다. 그 다음으로 지리산, 주왕산, 속리산, 덕유산, 북한산 국립공원이 모두 138규빗 수준이다.

    사람들이 이렇게 기에너지 수준이 좋은 산으로 등산을 가면 다

른 산을 오를 때보다 덜 피곤하고 편안하게 느끼게 된다. 그 이유는 보통 건강한 사람의 기에너지 수준 135규빗보다 높은 수준이기 때문에 60조 개에 이르는 인체 세포의 생체기능이 보다 활성화되기 때문이라고 생각해볼 수 있다.

우리가 살고 있는 터와 관련하여 필자가 직접 가본 곳 중에서 한 고장 전체가 명당터 수준인 지역을 든다면, 육지에서는 강원도 영월군 무릉도원면 무릉리(면적 16.06km²)와 경남 진주시 지수면(면적

30.97km²), 도서지역으로는 전남 고흥군 금산면에 소재하는 거금도(면적 63.57km²)와 전남 신안군 흑산면에 소재하는 홍도(면적 6.78km²)를 들 수 있다.

영월군의 무릉리武陵里는 남한강의 지류인 주천강 상류의 아름다운 강가에 자리 잡은 정자 요선정邀仙亭, 신라시대에 창건된 오래된 사찰 법흥사法興寺, 하천의 윤회와 유수에 의한 하식작용으로 생겨난 여러 개의 돌개바위(속이 깊고 둥근 항아리 모양의 구멍)가 있는 요선암邀仙岩 등 빼어난 경관이 알려져 있다.

진주시 지수면智水面은 삼성 이병철 회장, LG 구인회 회장, 효성 조홍제 회장, GS 허준구 회장을 배출한 지수초등학교(1921년 개교, 2009년 폐교)가 있는 승산마을이 널리 알려져 있다.

지수초등학교

거금도居金島는 다도해 지역에 위치하면서 물산이 풍부하고 온화한 섬으로 70년대 일본에서 활약을 한 박치기왕 김일 선생의 출생지로 알려져 있으며, 홍도紅島는 절해의 짙푸른 바닷물 그리고 기암괴석과 절벽에 자생하는 기화요초들이 어우러져 빚어내는 경치가 선의 경지를 연상시키기에 족하여 조물주의 걸작품이라 일컫는 아름다운 곳으로 섬 전체가 천연기념물로 지정된 곳이기도 하다.

전남 신안군 흑산면 소재 홍도紅島

VI 나쁜 터의 재조명

15. 나쁜 터의 수맥파 유입
16. 동기감응의 실체 규명

VI. 나쁜 터의 재조명

나쁜 터는 수맥파가 유입되고 기에너지 수준이 122규빗 이하로 낮아지는 곳으로, 이런 곳에 살면 건강이 나빠진다. 특히 조상묘소가 나쁜 터일 경우에는 동기감응 현상이 초래되어 후손들의 건강상 장애로 이어지는 사례가 많다.

15. 나쁜 터의 수맥파 유입

나쁜 터의 기준은 엘로드로 그 터의 평균 기에너지 수준이 122규빗 이하로 측정되어 하등급으로 분류되는 곳이며 반드시 수맥파가 유입되고 있는 것이 확인되는데, 이를 차단해주는 방법이 개발되었고, 나아가서 명당터로 만들어줄 수가 있다.

필자는 이미 터의 좋고 나쁨은 엘로드라는 기구를 사용하여 터의 기에너지 수준을 측정하여 그 측정 수치로 판별하는 것이 가장 정확한 방법이라고 말씀드린 바 있다.

터의 기에너지 측정 결과에 따라 명당터, 상등급(上等級, 140규빗 이상)의 터, 중등급(중등급, 130규빗~139규빗)의 터, 하등급(하등급, 129규빗 이하)의 터로 구분하는데, 이중에서 특히 지하의 수맥에서 발생하는 유해파장인 수맥파가 유입되는 곳으로 확인되는 122규빗 이하의 터를 나쁜 터라고 분류하고 있다.

지구상의 지상공간은 어느 곳이든지 좋은 터와 보통의 터, 나쁜 터가 함께 혼재하게 마련인데 지역에 따라 차이는 있겠지만 그 비율은 대체로 중등급 터가 약 70~80%, 상등급 터에 해당하는 좋은 터와 하등급 터에 해당하는 나쁜 터가 각 10% 내외가 되는 것으로 추정된다.

이러한 추정은 대한민국 영토 전체의 평균 기에너지 수준이 136규빗, 서울 동작구 소재 국립서울현충원 터의 평균 기에너지 수준이 137규빗, 경기도 용인 소재 에버랜드 터의 평균 기에너지 수준이 136규빗 정도로 확인되고 있다는 사실을 전제로 하여 국립서울현충원 터와 에버랜드 터의 전체 부지를 구체적으로 분석해본 자료를 근거로 한 개략적인 결론이다.

서울국립현충원의 터는 43만여 평(143만km²) 규모로 전체 터를 71개 묘역으로 구분하여 묘역별로 개별 점검을 해본 결과, 창빈안씨(조선왕조 선조임금의 할머니) 묘소를 중심으로 이승만 전 대통령 묘소, 박정희 전 대통령 묘소, 김대중 전 대통령 묘소, 유공자 제1묘역, 공작지 일대의 기에너지 수준은 144규빗으로 최상등급의 명당터로 확인되고, 제53묘역, 제55묘역은 140규빗~143규빗의 상등급의 준명당터로, 충혼당 등 36개 묘역은 130규빗~139규빗의 중등급의 터이고, 나머지 약 25개 묘역은 하등급의 터로 확인되고 있다.

에버랜드의 터는 20만여 평(66만1,160km²) 규모로 용인시 처인구 포곡읍 전대리와 가실리에 걸쳐있는 90개 지번을 대상으로 지번별로 점검을 해본 결과, 가실리 89-1, 전대리 503-1, 506, 산

12-1의 4개 지번의 기에너지 수준이 최상등급인 144규빗의 명당 터로 확인되고, 82개 지번의 지역이 중등급의 터, 나머지 4개 지역은 하등급의 터로 확인되고 있다.

하등급의 터 중에서 특히 122규빗 이하의 기에너지 수준으로 확인되는 곳은 나쁜 터로 본다. 이런 터는 모두 지하구조의 수맥에서 발생되는 인체에 유해한 수맥파가 유입되는 것이 확인되고 있으며, 이 수맥파가 그 터의 기에너지의 일부를 소진시키는 작용을 함으로써 기에너지 수준이 낮아지는 것으로 보고 있다.

현장에서 수맥파가 유입되는 지점을 찾아 점검, 확인한 결과에 의하면, 수맥파의 폭은 1m 내지 1.5m 넓이로 유입되는 것이 대부분인데, 이 수맥파 선상의 중심지점의 기에너지 수준은 100규빗 이하로 확인되며, 중심지점에서 멀어질수록 기에너지 수준이 조금씩 올라가는 현상을 보이다가 122규빗 이상이 되는 지점에 이르면서 수맥파의 영향에서 벗어나는 구조적 모양새를 보이고 있다.

따라서 일정한 면적의 터의 평균 기에너지 수준이 122규빗 이하로 측정되는 경우에는 반드시 수맥파가 유입되고 있다고 보며 그 수맥파가 유입되는 경로는 도상圖上 점검이나 현장 점검을 통하여 모두 찾아서 확인해낼 수가 있다.

이와 같이 수맥파의 영향을 받으면서 기에너지 수준이 낮아진 나쁜 터(122규빗 이하)에서 살게 되면 건강한 사람의 평균 수준인 135 규빗의 기에너지를 점차적으로 빼앗기게 되는 물리적인 현상이 발생하게 됨으로써, 시간이 지날수록 사람의 신체의 기에너지 수준이 낮아지게 되고, 이것이 면역력의 저하로 이어져 결국은 살고 있는 사람의 건강을 악화시키게 되는 것이라 본다.

이러한 경우에 공교롭게도 수맥파가 지나가는 위치의 선상에 침실이 위치하고 있고, 침대도 수맥파 선상에 배치하여 살고 있었다면 더 심각한 영향을 받을 것이 틀림없을 것이다.

2010년을 기준년도로 하여 68세가 되기 전에 일찍 타계한 필자의 중학교 동창 38명에 대하여 이들이 타계하기 전에 살았던 집터를 점검해본 결과 18명(47.36%)이 수맥파가 유입되고 있는 나쁜 터에 살고 있었다는 통계가 나왔는데, 나쁜 터에 사는 것이 건강상 크게 나쁜 영향을 미치고 있다는 것을 미루어 알 수 있다고 하겠다 (동창회원 명부와 졸업앨범의 사진을 보고 사망 전에 살던 집터의 기에너지 수준을 측정하여 확인).

다행스럽게 이제는 나쁜 터로 확인되는 곳은 수맥파의 유입을 차단해줄 수 있고, 나아가서 이러한 곳을 명당터로 만들어주는 방법까지 개발되었으므로 걱정할 필요가 없게 되었다. 그 자세한 방법은 뒤에서 말하기로 한다.

사건, 사고가 나는 곳도 수맥파가 유입되는 나쁜 터로 확인되는데, 앞으로 건축이나 도로, 교량 등 건설 부문에서도 관심을 갖고 공사 이전에 이러한 터에 유입되는 수맥파를 차단해주는 것이 바람직하다고 생각된다.

수맥파가 유입되는 터는 그 터의 주택에 사는 사람의 건강을 해치게 될뿐만 아니라 그 터의 지반구조地盤構造를 약화시키고 건축물建築物, 지상구조물地上構造物에 균열龜裂이나 부동침하不同沈下 등의 현상現象을 야기惹起시켜 대형사고로 이어지는 경우가 많다.

1970년 4월의 와우 아파트 붕괴사건과 1995년 6월의 삼풍백화점 붕괴사건, 그리고 최근의 2017년 8월의 평택국제대교 건설현장 상판 붕괴사고가 그 사례다.

물론 부실공사가 주된 원인으로 밝혀진 면이 있다는 것도 사실이지만, 아파트 1개동이 붕괴되면서 33명의 사망자와 39명의 중경상자가 발생한 와우아파트 소재지의 기에너지 수준은 115규빗이고, 5층 백화점 2개동 중 1개동이 붕괴되어 502명의 사망자와 937명의 부상자가 발생한 삼풍백화점 소재지의 기에너지 수준이 116규빗이며, 최근의 평택국제대교 건설현장에서 길이 240m되는 다리의 상판이 붕괴되고 교각 1개가 무너진 사고지역의 기에너지 수준이 116규빗으로 모두 수맥파가 유입되는 지역으로 확인되는 사실 등은 가벼이 넘길 일은 아니라고 생각한다.

평택국제대교 건설현장의 상판 붕괴사고(2017. 8. 26.)

16. 동기감응同氣感應의 실체 규명

조상의 묘소터가 나쁠 경우에는 자손의 건강상의 장애가 뒤따른다는 동기감응同氣感應의 구체적 실체는 조상 묘소터의 기에너지 수준(122규빗 이하)이 자손의 간뇌 기에너지 수준과 동일하게 변화되는 현상임이 밝혀졌으며, 이 동기감응을 해소할 수 있는 방법도 개발되었다.

다음은 우리가 좀 더 관심을 가져야 할 또 하나의 분야인데 조상祖上 묘소가 좋지 않을 때에는 그 후손後孫들이 건강상 좋지 않은 영향을 받는다는 전통적인 풍수지리이론에서 제기되는 동기감응 현상同氣感應 現象에 대해서 살펴본다.

실제로 조상 묘소터의 기에너지 수준이 122규빗 이하로 낮은 수준의 나쁜 터인 경우에는 동기감응 현상이 초래되어, 자손 중에 건강상 나쁜 영향을 받는 사례가 많으며, 지금까지 이론적으로만 전해오던 동기감응 현상의 실체實體는 자손의 간뇌間腦 기에너지 수준이 조상 묘소터의 기에너지 수준과 같아지는 것이라는 사실이 2016년 10월경에 기에너지를 측정하여 비교하는 방법에 의하여 밝혀졌다.

그리고 자손에게 동기감응이 초래되면 간뇌의 기에너지 수준이 낮아지기 때문에 인체의 신체·정신적 활동을 조절하는 중추기관으로서의 역할을 하는 간뇌間腦의 기능機能이 저하되어 어떤 질환이나 장애를 가지고 있을 경우에는 완치가 어려워지는 상태로 이어지게 된다는 사실도 확인되고 있다.

구체적인 사례를 들어보면 2017년 1월 서울에 사는 21세의 L군의 경우 오래전부터 주의력 결핍증이 심하여 고생을 하면서 미국 유학을 중도에 포기하고 귀국했으며, 아버지가 의사임에도 불구하고 치료가 잘 되지 않는 상태였다. L군의 간뇌 기에너지 수준을 측정해본 결과 116규빗이었고, 고조부 묘소터의 기에너지 수준도 116규빗으로 측정되어 동기감응 현상이 초래된 사례로 확인된 것이다.

이러한 동기감응 초래 사례는, 개인적인 사정이라서 이름을 밝힐 수는 없지만 이름 있는 기업체의 장, 유명 연예인, 그리고 우리 주변에서 가끔 볼 수 있는 신체·정신적 장애를 가지고 있는 사람 등에게서 다수 확인되고 있다.

이 동기감응 현상을 알아보는 방법을 말씀드린다면 사진이나 실제인물을 보면서 신체의 평균 기에너지 수준과 간뇌의 수준을 측정해보고, 간뇌의 기에너지 수준이 122규빗 이하일 경우에는, 다시 돌아가신 부모, 조부모, 증조부모, 고조부모 순으로 조상 묘소터의 기에너지를 측정해보면, 측정된 간뇌의 기에너지 수준과 동일한 기에너지 수준의 조상 묘소터를 확인할 수 있는데, 이 경우를 조상 묘소터와 자손이 동기감응되었다고 보면 된다.

이럴 경우 그 자손은 대개의 경우 동기감응이 오기 전부터 일정한 질병을 앓고 있었던 사실이 확인되고 있어 동기감응은 질병 이후에 초래되는 특이한 현상으로 보이며, 그 이후로는 간뇌의 기에너지 수준의 저하가 간뇌의 기능 저하를 초래하여 질병의 치료가 잘 되지 않는 상태로 이어지는 것으로 추정되고 있다.

이러한 동기감응 현상이 초래되는 이유는 단언할 수는 없지만 영靈적인 측면에서 볼 때에 조상님이 자손에게 지금 내가 머무르고 있는 묘소터가 좋지 않으니 시정해달라고 하는 일종의 신호를 보내는 것으로 받아들이는 것이 좋지 않을까 생각해본다. 이는 큰아들에게 동기감응이 왔다가 해결이 안된 상태에서 일정한 시간이 흐른 후에 다시 둘째아들에게 동기감응이 온 사례를 보면서 유추해본 생각이라는 것을 덧붙이면서 앞으로 더 자세한 연구가 이루어져서 명확한 원인이 밝혀지기를 기대한다.

또한 이 동기감응 현상은 자손 어느 한 사람에게만 해당되는 사안이 아니며 형제자매 등 또 다른 자손에게 다시 올 수도 있고, 대를 거쳐서 그 다음 대에 다시 오는 경우도 발견되고 있어 그 심각성에 특별히 유의할 필요가 있다고 생각된다.

조상 묘소터의 기에너지 수준과 자손의 간뇌의 기에너지 수준이 같아지는 동기감응 현상을 해소할 수 있는 방법도 개발되었다는 사실을 밝히면서, 그 구체적인 방법은 뒤에 나오는 내 집터의 명당화 방법론에서 자세히 기술하고자 한다.

동기감응이 오면 간뇌의 기능 저하로 인하여 질병의 치료가 어려운 상태로 이어진다는 의견과 관련하여 간뇌의 기능을 자세히 알아볼 필요가 있다고 생각되어 참고로 의학적인 해설을 소개한다.

간뇌間腦는 중뇌와 대뇌 사이의 부분으로 자율신경계의 기능을 수행하는 중추이다. 인체의 생명활동과 관련되는 모든 일들을 조절하고 항상성을 유지시키는 역할을 한다. 감정 등 자율신경계의 최고 중추로서의 기능을 담당한다. 대뇌피질로 들어가는 지각전도, 통합조절, 자율운동의 통합 중추로서 작용을 한다.

간뇌에서 기능적으로 중요한 부분은 시상과 시상하부로 우선 시상은 감각과 운동정보를 대뇌 중추로 보내는 중요한 상행로를 구성하고 의식과 정서를 조절한다.

시상하부는 뇌하수체를 통하여 자율신경계와 호르몬 분비를 조절한다. 시상하부에서는 구심성 및 원심성 신경이 광범위하게 분포되어 있다. 시상은 간뇌의 ¾을 구성하고 있고 한쌍의 회백질 덩어리이다. 시상에서 기시하는 신경섬유는 대뇌피질의 중추로 향하고 있기 때문에 냄새를 제외한 모든 감각정보를 대뇌에 전달하는 중계소로서 작용한다.

감각전도로에 관여하며 전신의 피부 감각을 비롯하여 시각, 청각 등 거의 모든 감각전도로의 중계소가 된다. 시상은 입력되는 감각정보를 뇌의 적당한 부위에 전달하여 분석할 수 있게 하는 정거장 역할을 한다.

시상상부는 제3 뇌실에 있고 맥락총이 존재하여 뇌척수액을 만든다. 송과선이 존재하고 여기에서 멜라토닌이라는 호르몬이 분비되어 생식에 관여하기도 한다.

시상하부는 간뇌의 가장 아랫부분이다. 제3 뇌실의 바닥과 측면의 일부를 형성하며 크기는 작지만 매우 중요한 부분으로 배고픔, 갈증, 뇌하수체의 호르몬 분비, 체온조절 등을 관장한다.

수면, 각성, 성적충동, 성행위, 공포, 고통, 즐거움, 분노 등에 관여한다. 내장의 기능을 조절하는 자율신경계의 최고 중추로 의식과 인간의 감정 및 정서반응을 조절하는 중추이며 내부 환경을 정상으로 유지하는 기전에 관여한다. 심계항진, 동공 확대, 땀 분비 등의 감정반응 표출에도 작용한다.

-서영대학교 보건행정과 겸임교수 류재문 해설-

수맥파가 지나가는 곳에 살게 되면

기에너지를 점차적으로 빼앗기게 되어

신체의 기에너지 수준이 낮아지게 되고,

이것이 면역력이 저하로 이어져

결국은 건강을 악화시키게 되므로

하루빨리 수맥파를 차단하여야 한다.

VII 내 집 명당터로 만들기

17. 신비의 집기판
18. 수맥파의 유입 차단
19. 명당터 만들기
20. 명당터로 만들었을 때의 효과
21. 명당터로 만든 사례

VII. 내 집 명당터로 만들기

일정한 터를 명당터로 만드는 원리는 지상 공간에 형성되어 있는 가장 높은 기에너지의 흐름을 찾아내어, 기에너지가 최대로 들어와서 흘러나가는 지점에 특별히 제작된 집기판集氣板을 설치하여 기에너지를 모으고 발산되도록 조절해줌으로써 그 터의 기에너지 수준을 144규빗으로 변화시켜 주는 것이다.

17. 신비의 집기판

　집기판은 우주의 지상공간에 형성된 기에너지를 모으고 발산(發散)시키도록 하는 도구인데, 일정한 수련을 거쳐서 기에너지 운용능력을 갖춘 수련자(선사 또는 태사로 칭한다)가 촬영한 사진(氣사진)을 이용하여 만들 수 있으며, 터에 유입되는 수맥파를 차단하거나 명당터로 만들어주는 용도 등으로 사용한다.

　지금까지 명당터는 무엇이며 어디에 명당이 있는가? 그리고 명당터는 건강과 어떠한 관계가 있는가를 여러 각도에서 살펴보았다. 그렇다면 가장 중요한 관점은 이 명당터를 내 것으로 만들어 향유할 수 있느냐는 것이고, 우주 자연환경으로써 형성된 명당터를 인위적으로 만들어낼 수 있느냐일 것이다. 결론부터 말한다면 아주 쉬운 방법으로 가능하다.

　그 규모에 관계없이 모든 터에는 기에너지가 생성되어 있고, 이 기에너지는 지상공간 구조에서 일정한 방향으로 흐르는 특성을 가지고 있다. 또한 일정한 공간 내에는 수준이 높은 기에너지의 흐름과 수준이 낮은 기에너지 흐름이 있다는 것이 밝혀졌고, 이 높은 기에너지의 흐름을 그 공간 전체에 확산되도록 변화시키는 방법이 개발됨으로써 모든 터의 기에너지 수준을 명당터 수준으로까지 끌어올릴 수 있게 된 것이다.

일정한 공간의 기에너지 흐름을 파악하여 터의 기에너지 수준을 명당터 수준으로 끌어올려 주기 위해서는 특별히 제작된 집기판을 사용하게 된다.

집기판은 우주의 지상공간에 형성된 기에너지를 모으고 발산시키도록 하는 도구인데, 일정한 수련을 거쳐서 기에너지 운용능력을 갖춘 수련자(선사 또는 태사로 칭한다)가 촬영한 사진을 A4용지 규격으로 인화하여 만들 수 있다.

다만 피사체의 기에너지 수준에 따라서 촬영된 사진의 기에너지 수준이 달라지므로 사진을 촬영하고자 하는 대상의 기에너지 수준을 미리 확인하여 144규빗 수준이 되는 대상을 찾아서 사진을 촬영하고 그 사진을 이용하여 집기판을 제작, 사용하는 것이 필요하다.

이 집기판은 일정한 터의 지하에서 발생되어 유입되는 수맥파의 흐름을 차단해주거나, 그 터의 기에너지 수준을 명당터 수준으로 올라가도록 변화시키는 등 다양한 용도로 사용하게 된다.

참고로 기에너지가 144규빗이 나오는 사진으로 필자가 2014년 7월 노르웨이를 여행할 때 오슬로 시청 광장에서 촬영한 '청동모자상' 기사진을 첨부한다.

이 청동모자상 기氣사진은 회원 한 분이 커다란 액자로 만들어 서울 용산역 부근 소재 사무실 벽에 걸어놓고 있었는데 그곳에 2017년 12월에 화재가 났다. 당시에 액자를 걸어놓은 부근에는

청동모자상(기에너지 수준 144규빗)

화기가 접근하지 못하고 연소되지 않았다. 필자가 그 무렵에 현장을 방문하여 이를 확인까지 하였다.

2005년 4월 강원도 고성군 소재 낙산사에 큰 불이 나서 전각 모두가 전소되는 사건이 있었을 때에, 기에너지 수준이 144규빗인 홍련암紅蓮庵에는 불이 옮겨붙지 않아 화마를 극복하고 온전하게 남게 되었다는 현장의 기록을 연상하면서 기에너지 수준 144규빗의 집기판의 신비로움과 위력을 다시 생각해보게 된다.

18. 수맥파의 유입 차단

나쁜 터에 유입되는 수맥파를 차단하는 방법은 일정 규모의 그 터에서 수맥파가 유입되는 방향과 넓이를 확인하고 수맥파가 유입되는 초입 지점에 집기판(집기판)을 지면과 수직으로 설치하는 것이다.

필자는 모든 터를 기에너지 수준에 따라 명당터, 상등급의 터, 중등급의 터, 하등급의 터로 구분하여 설명한 바가 있는데, 그중에서 수맥파가 유입되고 있는 곳으로 확인되는 122규빗 이하의 하등급 터는 우선적으로 그 터로 유입되는 수맥파를 차단시켜주어야 한다.

수맥파의 유입을 차단하는 방법은 일정한 규모의 터에서 수맥파가 유입되는 방향과 넓이를 확인하고 그 수맥파가 유입되는 초입 지점에 집기판을 지면과 수직으로 설치하면 된다.

실무상으로 지상의 주택이나 건조물의 경우에는 정확한 위치를 찾아내어 벽면에 집기판을 부착하여주는 방법을 사용하며, 옥외의 토지나 묘소 등의 경우에는 지표면에서 약 50cm 이상 깊이로 굴착을 하고 그 지하(도면1. A 위치)에 집기판을 수직으로 매설해주는 방법을 사용한다.

 이러한 방법으로 집기판을 설치하여 수맥파의 유입을 차단하고 나면, 그 즉시 그 터는 기에너지 수준 136규빗 정도의 중등급의 터로 변화되고 수맥파의 영향을 받지 않게 되는 것을 확인할 수 있다.

 실제의 작업과정에서는 명당터로 만들어주는 작업을 추가하여 144규빗의 명당터로 변화된 것을 확인하게 되는데 이는 다음 장에서 설명하기로 한다.

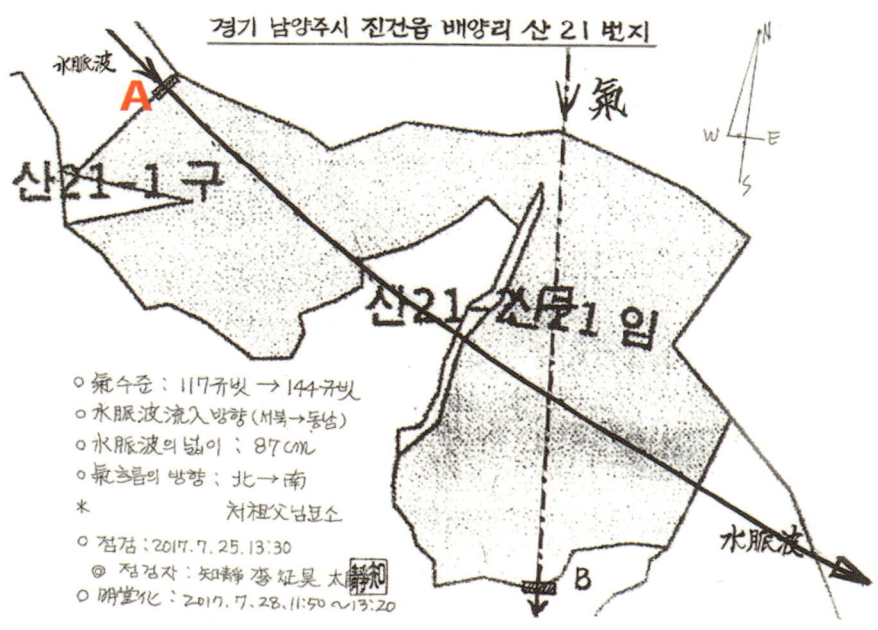

19. 명당터 만들기

일정한 터를 명당터로 만드는 방법은 그 터의 지상의 우주 공간에 형성되어 일정한 방향으로 흐르고 있는 최고 수준의 기에너지를 파악하여 흘러나가는 지점에 특별히 제작된 집기판을 설치하여 기에너지를 모으고 발산되도록 조절해줌으로써 그 터의 기에너지 수준을 명당터의 기에너지 수준인 144규빗으로 변화시켜주는 것이다.

일정한 규모의 터를 명당터로 만들 때에는 그 터의 중앙지점을 중심으로 하여 지상의 우주공간에 형성되어 움직이고 있는 최고 수준의 기에너지가 흐르는 위치와 방향을 알아낸 후, 그 최고 수준의 기에너지가 흘러들어오는 끝 지점(도면2, A 위치)에 집기판을 설치하여 기에너지를 모아서 다시 역방향으로 발산되게 하여 기에너지 수준을 144규빗으로 변화시키는 방법을 사용한다.

주택이나 건조물 그리고 옥외의 토지나 묘소등에 집기판을 설치하는 방법은 수맥파를 차단할 때와 동일하다. 이러한 방법으로 집기판을 설치하면 즉시 그 터의 기에너지 수준이 144규빗의 명당터로 변화된 것을 확인할 수 있다.

도면2 - 명당화 작업

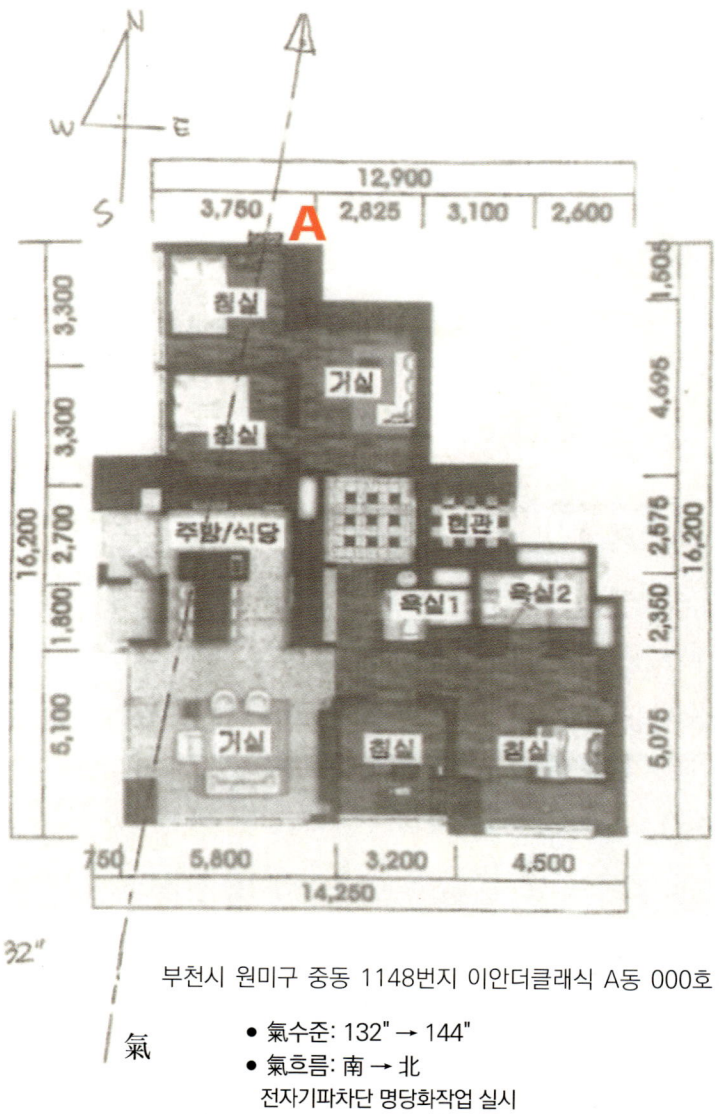

부천시 원미구 중동 1148번지 이안더클래식 A동 000호

- 氣수준: 132" → 144"
- 氣흐름: 南 → 北
  전자기파차단 명당화작업 실시
  2017. 5. 29. 14:50/ 2017. 6. 2. 16:05

물론 수맥파가 유입되는 것이 확인되는 터는 먼저 수맥파를 차단해주는 작업(도면3, A 위치에 집기판 설치)을 하고 나서, 이어서 명당터로 만들어주는 2단계의 작업(도면3, B 위치에 집기판 설치)을 실시하여야 한다.

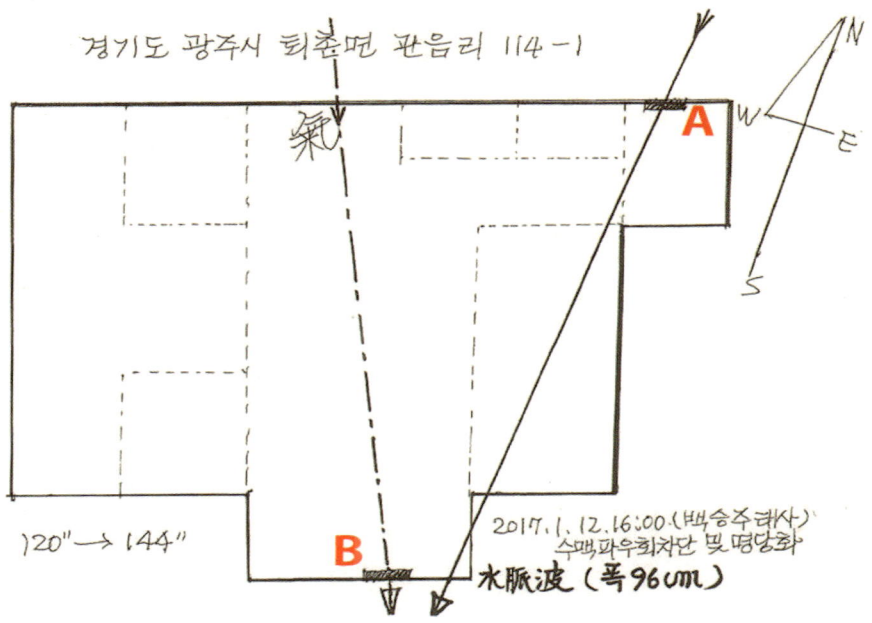

도면3 - 수맥파 우회차단 및 명당화 작업

20. 명당터로 만들었을 때의 효과

내가 사는 집을 명당터로 만들어주면 터의 기에너지 수준이 인체의 평균 기에너지 수준보다 높아져 세포의 생체활동을 조장하게 되므로 건강하고 장수하는 삶을 사는데 도움이 된다

현재 살고 있는 집터(양택)를 명당터로 만들어주었을 경우에 일반적으로 생각할 수 있는 것은 사람의 신체의 기에너지 수준(평균 135규빗)보다 터의 기에너지 수준(144규빗)이 높은 상태가 되기 때문에 장기적으로 인체의 생체에너지가 증가되는 쪽으로 영향을 미쳐 건강이 증진될 것으로 추정되고 있다.

다만, 인체가 높아진 기에너지 수준에 적응하는 데에는 일정한 시간이 필요할 것으로 생각되므로 구체적으로 건강이 좋아졌다는 것을 알게 되기까지는 상당한 시간이 지나야 될 것으로 보고 있다.

실제로 인체의 평균 기에너지 수준보다 낮은 주택을 명당터로 만들어주었을 때의 체험을 들어보면 전에는 잠을 제대로 잘 수 없었는데, 불면증이 해소되었고 좀 더 편안하고 아늑함을 느끼며 건강해졌다는 사람이 많다.

이에 비해서 집안에 있는 화초나 나무 등은 비교적 빠르게 변화가 나타나 종전보다 화초의 색깔이 진하고 싱싱함이 오랫동안 유

지된다는 것을 육안으로도 쉽게 알 수 있다.

  음식점 등 영업장소를 명당터으로 만들어주었을 때의 효과는 비교적 3개월 전후의 짧은 시간 내에 변화를 알게 되는 사례가 많다. 모 음식점의 경우는 구체적으로 3개월 만에 매출이 15% 증가했다는 결론을 제시한 사실이 있다.

  미루어 생각해보건대 음식점이 명당터일 경우에는 기에너지 수준이 낮은 다른 음식점보다는 식재료의 신선도가 유지되는 시간이 길어서 음식 맛이 상대적으로 좋은 것이 사실이며, 기에너지 수준이 높은 음식점은 고객이 아늑하고 편안한 느낌도 갖게 되어 다시 그곳을 찾게 되는 경우가 많아 충분히 가능한 현상으로 본다.

  필자는 이러한 결론을 실생활에 적용하여 낯선 고장에 가게 되면 음식점을 선택할 때 터의 기에너지 수준이 가장 높은 집을 골라서 이용하게 되는데, 항상 그런 집은 손님이 많고 음식 맛도 좋았다고 자신 있게 말할 수 있다.

  최근에는 아예 단골 음식점 몇 곳을 명당터로 만들어주었는데, 그 음식점에 갈 때마다 환영을 받으며 아주 친절한 대접도 받을 수 있어 언제나 기분 좋은 식사를 하게 된다.

> 음택(조상의 묘소)을 명당터로 만들어주면 자손에게 태어날 때의 기에너지 수준(生氣, 144규빗)을 회복시켜 건강이 증진될 수 있는 축복을 주시고, 자손들의 결혼, 회임(懷妊), 시험 합격, 승진, 사

업 성공 등의 집안 경사로 이어진다.

　기에너지 수준이 중등급 이하인 조상의 묘소터에 집기판을 설치하여 명당터(144규빗)로 만들어주었을 경우에는 그 설치가 종료되는 순간에 묘소터의 기에너지 수준이 144규빗으로 변화됨과 동시에 명당화 작업을 주재한 자손을 포함하여 후손들에게 이 세상에 태어날 때의 신체의 기에너지 수준과 동일한 144규빗의 생기生氣를 회복시켜주는 신비한 현상이 반드시 확인된다.
　이는 영계靈界에 계신 조상이 자손에게 내려주는 일종의 축복으로 생각할 수 있다. 그 이유는 조상 묘소터를 명당으로 만드는 작업에 참여한 자손 중에서 선별적으로 이러한 현상이 일어나는 것을 확인할 수 있고, 그 축복을 받은 자손은 평소에 조상을 정성스레 모시고 있다는 사실이 확인되기 때문이다.

　예를 들면 5형제의 아들이 있는데 그중 셋째 아들이 명당터로 만드는 작업을 주도한 경우에 셋째 아들과 막내 아들만 생기(生氣, 144규빗)가 회복되는 축복이 확인되어서, 그 집안 형편을 알아보면 첫째와 둘째 아들은 평소에 조상을 모시는데 별로 관심이 없어 기제사 때에도 참여하지 않을 때가 있다는 대답을 듣게 되는 것이다.
　이러한 축복은 부부에게는 반드시 함께 내려지는 것이 특색이고, 손자들에게까지 내려지는 경우가 많아 축복 대상 자손을 선택하는 일은 전적으로 영계에 계신 조상의 판단으로 보여, 조상을 잘 모시는 자손은 반드시 축복을 받는다는 옛 어른들의 말씀을 다시 음미해보게 된다.

조상의 묘소를 명당터로 만들어주었을 경우에는 이와 같이 자손에게 신체의 기 수준을 생기 수준으로 회복시켜주는 이외에 그 집안에 경사가 생겨나서 혼처가 잘 나타나지 않던 손자가 결혼을 하게 되었다거나, 어려운 취업이 되었다거나, 절손絶孫을 걱정하고 있었는데 집안의 대를 이을 손자가 태어났다던가 하는 경우도 많이 확인되고 있다.

2012년 5월부터 2019년 9월까지 전국 각지에 위치하고 있는 조상의 묘소(또는 선산)를 명당터로 만들어준 사례는 총 33건에 이르는데 참고로 그중 한 가지를 상세히 기술해 보면 다음과 같다.

2016. 5. 5.(목) 경기도 김포시 대곶면 대명리 산150-3 소재 필자의 초등학교 동창인 장ㅇㅇ 선생의 선친 묘소(매장묘: 중등급, 기에너지 수준 136규빗)터에 집기판을 설치한 결과 144규빗의 명당터로 변화되었고, 그 즉시 작업에 참여한 장 선생과 남동생 3명의 부부, 여동생 2명의 부부, 아들과 며느리, 조카 등 총 18명의 자손들에게 생기가 회복되는 축복을 확인할 수 있었다.

그 후 7월 초에 결혼한 지 2년이 넘도록 장손으로서 아이가 없어 걱정하던 며느리가 손녀딸을 회임하게 되었고, 이어서 그 이듬해에 손자가 태어나는 경사가 일어난 것을 확인할 수 있었다.

동기감응 현상同氣感應 現象이 초래된 경우 집기판을 사용하여 조상의 묘소를 명당터로 만들어주면 그 즉시 자손의 동기감응이 해소되는 것이 확인되고, 그 결과로 간뇌間腦의 기능이 회복되어 향후 지병 치료의 길이 열리게 된다.

필자가 2016년 10월, 동기감응 현상의 실체를 밝혀내면서 이 동기감응 현상을 해소하는 방법을 찾아내는 것이 새로운 과제로 대두되었고, 그때부터 묘소터의 수맥파의 유입을 차단하여 기에너지 수준을 높여주고 다시 명당터로 만들어주었을 경우에 이 동기감응 현상을 해결할 수 있지 않을까 하는 생각을 가지고 실험에 착수하여 여러 차례 도상연습을 실시해본 결과는 놀랍게도 동기감응이 확실하게 해소되는 것을 확인하게 되었다.

예를 들어 설명하면 조상 묘소터의 기에너지 수준이 117규빗이고, 동기감응이 초래되어 자손의 간뇌 기에너지 수준이 117규빗인 경우에 조상 묘소터에 대하여 수맥파 유입을 차단하는 작업을 하여 기에너지 수준을 136규빗 수준으로 올려주었을 때, 즉시 자손의 간뇌의 기 수준이 136규빗으로 변화되면서 동기감응이 해소된다는 사실을 확인한 것이다.

이 실험은 2017년 3월에 묘소터를 명당으로 만들어주는 작업을 하면서 실제의 사례로서 최초로 확인되었고, 동일한 효과가 나타나는 사례를 계속 확인하게 되면서 기에너지가 하등급 수준(122규빗 이하)의 조상 묘소터를 명당터로 만들어주면 동기감응 현상 해소의 효과를 가져온다는 사실은 확실한 결론으로 자리 잡았다고 본다.

이러한 동기감응 현상의 해소를 위하여 조상의 묘소터(또는 선산)를 명당터로 만들어준 사례는 2017년 3월 이후 총 8건인데, 그 최초의 사례를 상세히 기술해보면 다음과 같다.

2017. 3. 26.(일) 경기도 용인시 처인구 모현면 매산리 산48번지 소재 이ㅇㅇ 선생(86세)의 조부님 묘소터(매장묘: 기에너지 수준 116규빗의 하등급 터)에 집기판을 설치하여 수맥파의 유입을 차단하고 명당터로 만들어주었는 바, 그 즉시 묘소터는 144규빗의 명당터로 변화되었다. 그 작업에 참여한 자손 이ㅇㅇ 선생 내외분에게 신체의 기에너지 수준을 144규빗의 생기生氣 수준으로 회복시켜주는 축복이 있었으며, 동시에 동기감응 현상으로 간뇌 기에너지 수준이 116규빗이었던 손자 이ㅇㅇ 군(21세)의 간뇌 기에너지 수준이 136규빗

(건강한 정상인의 수준)으로 회복된 것을 확인할 수 있었다.

위의 이ㅇㅇ 군은 오래된 주의력결핍증으로, 미국 유학을 가서 제대로 공부를 하지 못하고 중도에 귀국했었는데, 고조부의 묘소터를 명당으로 만들어준 후에는 본인의 의사에 따라 다시 미국 유학을 떠나 소정 과정을 좋은 성적으로 이수하고, 원하는 곳에 인턴으로 취직하는 등 좋은 결과가 나타나고 있어 외과의사인 부친을 비롯하여 가족들이 모두가 기뻐하고 있다고 알려왔다.

이와 같이 조상의 묘소터를 명당으로 만들어주었을 때에 동기감응 현상이 해소되는 효과가 확인됨으로써, 앞으로 오래된 지병을 앓고 있으면서 치료가 잘 안되거나 정신. 신체적 장애가 있는 사람은 먼저 간뇌의 기에너지 수준과 조상 묘소터의 기에너지 수준이 동기감응으로 연결되어 있는지를 살펴보고, 조상의 묘소를 명당터로 만들어줌으로써 동기감응 현상을 해소하고, 필요한 의학적 치료를 계속해서 난치병 등을 극복할 수 있게 되는 희망적인 기대를 할 수 있게 되었다.

[요 약]

```
┌─────────────────┐
│   명당明堂        │
└─────────────────┘
```

생기生氣 = 144규빗 = 명당明堂터

```
┌─────────────────────┐
│   동기감응同氣感應    │
└─────────────────────┘
```

조상祖上묘소 기氣수준 = 120규빗 이하 = 자손子孫간뇌 기氣수준

자손에게 신체·정신 장애 초래
간뇌 기능間腦 機能 저하로 치료治療 곤란

```
┌─────────────────────┐
│  명당화 작업明堂化 作業 │
└─────────────────────┘
```

수맥파 차단 및 명당화 ➡ 144규빗

발복發福·동기감응同氣感應 해소

신혼부부의 집터를 명당으로 만들어주는 일은 가장 큰 혼수감이 된다. 아이를 명당터에서 태어나게 하는 것은 두뇌가 좋게 성장하도록 하드웨어를 설치해주는 것이 되며, 우수한 인재를 길러내어 국가경쟁력을 강화하는 데에도 기여하게 된다

살고 있는 집터를 명당터로 만들었을 때의 효과와 관련하여 미래지향적으로 생각해야 할 과제는 결혼하는 자녀들에게 결혼식 직후의 시기에 신혼 살림집을 명당터로 만들어주는 일이라는 생각을 하게 된다.

지금까지 여러 가지 사례를 제시했지만 명당터에서 태어난 사람이 건강하게 살면서 장수하는 경우가 많고, 국가와 사회에 공헌하는 인물의 다수가 명당터에서 태어난 것이 확인되고 있는 것이 사실이므로 이를 역으로 생각해보면 앞으로 태어나는 아이를 명당터에서 태어나게 해준다는 것은 지극히 합리적인 선택사항이라고 생각한다.

아이를 명당터에서 태어나게 하는 것은 두뇌가 좋게 성장하도록 하드웨어를 설치해주는 것과 같아서 어려서부터 과외수업을 받으러 학원으로 내모는 것보다는 훨씬 현명한 선택이라 생각하며, 나아가 시야를 넓혀 보면 우수한 인재를 많이 길러내어 국가경쟁력을 강화하는 하나의 방안이 될 수도 있다는 생각이 든다.

1950년대 말 인천의 명문 중학교인 모교 인천중학교 졸업생 219명을 대상으로 초등학교 5학년 때(1954년 5월 1일 기준)에 살던 집터의 기에너지 수준을 점검. 확인해본 결과 놀랍게도 219명 모두가 명당터에 살았던 것으로 확인되고 있다.

　이 시기에는 시험을 통해서 중학교 진학을 하던 때이고, 과외수업이나 학원 교습이 전혀 없었던 시절이므로 이런 명문학교 입학은 오직 개개인의 노력과 실력에 의해서 결정될 수밖에 없었는데, 입학생의 대부분이 명당터에서 살았다는 것이 확인된다는 사실은 초등학교를 다니는 시기에 명당터에 살고 있었는지의 여부가 학생의 두뇌와 심성발달에 크게 영향을 미치고 있다는 것을 미루어 짐작할 수 있게 한다.

> 내 집터를 명당터로 만들어주면 그 자체로서 많은 이웃에게 봉사하는 것이 된다. 기에너지의 흐름에 따라 명당터로 변화되는 범위가 아래 위층은 물론, 전후좌우의 사방으로 상당히 떨어진 지점까지 확장되기 때문이다.

　일정한 터를 명당터로 만들어주었을 때 먼저 기에너지 수준이 144규빗의 명당터로 변화되는 범위를 살펴보면 전후좌우의 사방으로 영향을 미치는 것이 확인되는데, 주택 등 양택의 경우에는 건물의 높이에는 상관이 없으며, 기에너지가 흘러들어오는 정반대 방향 쪽으로는 수km까지 동일한 영향을 미치는 사례가 확인되고 있고, 좌우로는 지상과 지하 구조에 따라 일정한 범위에서만 동일한 영향을 미치는 것이 확인된다.

아파트를 예로 든다면 기에너지가 앞쪽에서 흘러 들어와서 건물의 뒤편 벽에 집기판을 설치하였다면, 그 아파트의 위층과 아래층은 그 층수에 상관없이 지하까지 모두 명당터가 되고, 앞쪽으로는 수km까지, 그리고 좌우로는 지형에 따라 일정한 구역까지 모두 명당터로 변화되는 것을 확인할 수 있다.

따라서 내가 살고 있는 아파트를 명당터로 만들어주었을 때 우리 집 앞에 위치한 학교나 공공건물 터 그리고 좌우 옆에 위치한 아파트의 모든 동을 동시에 명당터로 만들어주는 결과를 가져올 수도 있는 것이다.

음택의 경우에도 주변의 전후좌우에 위치한 다른 묘소 등이 동시에 명당터로 변화되는데 한 사람이 공원묘원에 모신 조상 묘소를 명당터로 만들어주었을 때, 주변에 위치한 상당수의 다른 묘소 터가 한꺼번에 모두 명당터로 변화되는 사례를 확인하게 된다.

2017. 5. 27. 경기 안양시 만안구 안양동 711-266번지 소재 커피점(113규빗)에 대하여 수맥파의 유입을 차단하고 명당터로 만

들어주면서 인근 안양동 782-19번지에 위치한 4,482평 규모의 삼덕공원 터(136규빗)가 동시에 144규빗의 명당터로 변화되었고, 2017. 11. 6. 서울 광진구 아차산로 262번지 소재 더샵스타시티 B동 000호 아파트(130규빗)를 명당터로 만들어주면서 인근 능동로 120-1번지에 위치한 ㅇㅇ대학교 병원터(136규빗)가 동시에 명당터로 변화된 것이 그 사례다.

    이와 같이 내가 사는 곳을 명당터로 만드는 일이 보이지 않게 우리의 이웃에 대한 봉사로 이어지는 것이라면 이 세상을 살아가면서 다른 사람에게도 도움을 줄 수 있는 아주 보람된 일이라는 생각이 든다.

21. 명당터로 만든 사례

이제 명당터를 찾아보는 시대를 넘어서서 내 집터를 스스로의 힘으로 명당터로 만들면서 100세 시대를 건강하게 살아갈 수 있는 시대에 살고 있다는 체험을 공유하고자 한다.

지금까지 명당터란 무엇인가, 사람들은 왜 명당터를 찾는가, 명당터는 어떻게 판별하는가, 명당터에 사는 것이 건강한가, 과연 내가 사는 집을 명당터로 만들 수 있는가 등을 기술해왔다.

이와 같은 기술記述은 학문적 이론이 아니며 실제로 생활 속에서 적용할 수 있는 검증된 체험을 기본으로 하여 구체적인 방법론을 제시하는 데에 초점을 맞추었음을 다시 강조하고자 한다.

필자는 일정한 수련을 마친 선사, 태사들과 함께 2012년부터 지금까지 9년여의 기간 동안 190여 개소의 개인주택이나 아파트, 사무실, 대형건물, 근린공원, 아파트단지, 농경지, 전국 각지에 모셔진 조상 묘소(33개소) 등에 현지 출장을 하여 필요한 지점에 집기판을 설치하여 수맥파의 유입을 차단하고, 명당터로 만드는 작업을 성공리에 실시해왔다.

이를 사례집으로 발간하여 널리 알리는 등 이제 명당터를 찾아보는 시대를 넘어서서 내가 살고 있는 집터를 스스로의 힘으로 명당터로 만들어서 편안하고 건강하게 살아갈 수 있는 시대에 살고 있다는 체험을 공유하고자 한다.

2018월 10월에 1차로 발간된 사례집에 수록된 내용을 개략적으로 소개해보면 총 144건의 명당화 작업 사례가 수록되어 있는데, 여기에는 필자 이외에 50여 명의 선사와 태사가 참여하고 있으므로 앞으로 독자들도 누구든지 함께 공유할 수 있다는 사실을 강조해둔다.

명당화 사례를 대상별로 나누어보면 묘소(음택) 26개소, 아파트 86개소, 개인주택 17개소, 상가 3개소, 학교 1개소, 병원 3개소, 근린공원 1개소, 아파트단지 3개소, 대형건물 3개소, 농경지 1개소 등이다.

이를 작업 유형별로 나누어보면 수맥파 차단과 명당화 작업을 동시에 진행한 곳이 31개소, 명당화 작업만 실시한 곳이 113개소이며, 내용별로는 동기감응 현상 해소를 목적으로 한 묘소가 6개소, 신혼 살림집을 명당화한 곳이 아파트 3개소 등이 포함되어 있다.

명당화 등 작업 사례 분류표
-2018. 10. 1. 기준-

구분 대상	명당화 작업	수맥파 차단 및 명당화 작업	계	비고
묘소	12	14	26	동기감응 해소 6 포함
아파트	78	8	86	신혼집 3 포함
개인주택	12	5	17	
상가	3		3	
학교	1		1	
병원	2	1	3	
공원	1		1	
아파트단지	3		3	
대형건물	1	2	3	
농경지		1	1	
계	113	31	144	

내가 사는 곳을 명당터로 만들면

주위의 많은 곳이 명당터로 변화될 수 있다.

이를 통해 보이지 않게

다른 사람에게도 도움을 줄 수 있어

명당화 작업은 아주 보람된 일이다.

VIII 향후 우리의 과제

22. 생활 터전의 단계적 명당화 추진
23. 명당터로 만들어주는 길 안내

VIII. 향후 우리의 과제

사람이 살아가는데 구비되어야 할 기본적 조건이 의식주衣食住라고 하는데 그중에서 내가 살고 있는 주거지를 태어날 때의 기에너지 수준(生氣, 144규빗)과 같은 명당터로 만들어주는 것은 100세 시대를 살아가는 우리가 꼭 해야 할 일이라고 생각하며, 이러한 지식을 생활 속에서 실현하여 현실적으로 우리의 것으로 향유할 수 있어야 한다.

22. 생활 터전의 단계적 명당화 추진

현재 살고 있는 주택, 직장의 사무실 등을 명당터로 만들자.

우리가 살아가면서 제일 먼저 명당터로 만들어야 할 대상은 당연히 본인과 가족이 사는 주거지이며 나아가서 자녀, 친척, 가까운 이웃이 사는 집과, 직장과 사무실을 생각할 수 있다. 이러한 주거지등의 기에너지 수준을 144규빗의 명당터 수준으로 만들어줌으로써 건강을 유지하는데 도움이 될 수 있다는 사실은 이미 설명한 바와 같다.

조상의 묘소를 명당터로 만들어주자.

두 번째로 생각할 대상은 조상의 묘소 등을 명당터로 만들어주는 것이다. 조상의 묘소를 명당터로 만들어주면 인체의 기에너지 수준이 태어날 때의 수준 144규빗의 생기生氣 수준으로 회복되는 신비한 축복을 받게 되는데, 이 기 수준은 거의 영구적으로 유지되는 특징이 있어 건강을 증진하는 데에 큰 보탬이 될 것이라 확신한다.

또한 가문의 후손들에게 여러 가지 경사스러운 일들이 생기고, 특히 신체·정신적인 장애를 가진 후손에게 동기감응 현상이 초래되어 치료가 잘 되지 않는 경우에는 반드시 조상 묘소를 명당터로 만들어줌으로써 동기감응 현상을 해소한 후에 의학적인 치료를 계속해나가야 한다는 것을 유념할 필요가 있다.

학교, 공원 등 다중이용시설을 명당터로 만들자.

세 번째는 학교, 공원, 운동장, 백화점, 극장이나 공연장, 공공기관 등 많은 사람이 이용하는 시설을 명당터로 만들어 이웃과 함께 모두가 건강하게 살아갈 수 있는 환경을 조성해주는 일이다.

신혼 살림집을 명당터로 만들어주자.

네 번째는 앞으로 태어나는 후손들이 훌륭한 인재로 성장할 수 있는 기본여건을 만들어주기 위하여 명당터에서 태어나도록 부모들이 신경을 써주는 일이다. 자녀들을 결혼시킬 때에는 제일 먼저 신혼 살림집을 명당터로 만들어주자. 명당터에서 태어난 사람이 두뇌발달에서 남보다 앞서고 훌륭한 인물로 성장한 사례가 많으며 건강하게 살아가며 장수한다는 사실은 여러 번 강조하였다.

생명의 시작은 수태受胎될 때부터이므로, 구체적으로는 명당터에 살면서 아기를 가질 수 있도록 해주는 것이다. 그리고 최소한 유년시절까지는 그 태어난 명당터에서 계속 성장할 수 있도록 배려하는 것도 마찬가지 이유로 바람직한 일이다. 이는 장기적으로 볼 때에는 학원의 과외수업 의존을 줄이게 되는 길이고, 나아가서는 인재양성에 의한 국가경쟁력 제고에 기여하는 길이 될 것으로 본다.

국립서울현충원과 유엔기념공원을 명당터로 만들어 공익봉사

[국립서울현충원]

서울 동작구에 자리 잡고 있는 국립서울현충원은 총면적 143만 m² 규모의 터에 일제강점기에 독립운동을 하다가 순국한 애국지사, 6·25 한국전쟁 전몰장병 등 173,000여 명의 호국영령들이 잠들어있는 겨레의 성역이다.

현충원 전체 터의 평균 기에너지 수준은 136규빗인데, 창빈안씨(昌嬪安氏: 조선왕조 선조임금님의 할머니) 묘소를 중심으로 한 대통령 묘역 일대의 기에너지 수준은 144규빗의 명당터로 확인되는 반면, 약 10개의 묘역은 수맥파가 유입되는 지역으로 기에너지 수준이 112

국립서울현충원

규빗 내지 119규빗에 불과한 좋지 않은 터로 확인되고 있다.

이 현충원 터 전체를 명당터로 만들어주는 일은 국가와 사회를 위하여 헌신한 선인들에게 보은하는 길이 될 것이며, 나아가 그 후손들에게도 축복이 내려질 수 있도록 여건을 조성하는 계기가 될 것이라 생각한다. 필자는 뜻있는 분들과 함께 몇 달간에 걸쳐서 현장답사와 확인 점검을 거쳤으며, 기회가 된다면 비교적 단시간 내에 언제든지 명당터로 만들어줄 수 있는 제반 준비를 갖추고 있다는 것을 밝혀둔다.

국립서울현충원에 대한 수맥파 유입 차단과 명당터로 만드는 작업을 구체적으로 설명해본다.

현충원은 남쪽 중앙 지점으로 폭 124cm 규모의 수맥파가 유입되고 있으므로 이 지점에 집기판을 설치하여 수맥파의 유입을 차단해주고, 이어서 서북쪽에서 동남쪽 방향으로 들어오는 가장 높은 기에너지의 흐름에 맞추어서 종합민원실 부근에 또 하나의 집기판을 설치해주면 현충원 전체를 기에너지 144규빗 수준의 명당터로 만들어주는 작업이 완료될 수 있다.

[유엔기념공원]

부산광역시 남구 대연동에 자리 잡고 있는 유엔기념공원은 1950년의 한국전쟁 당시 유엔군 전몰장병들의 유해를 안장하기 위해서 1951년 4월에 유엔군사령부가 조성. 관리하는 공원 묘원으로 공원터의 규모는 176,486m²이며, 평균 기에너지 수준은 137규빗이다.

1954년까지 참전 16개국 전사자 11,000명이 안장되었다가 많은 유해가 그들의 조국으로 이장되어 현재는 2,300기의 유해가 안장되어 있다. 이 기념공원에는 40,895명의 유엔군 전사자 전원의 이름이 새겨진 검정색 명비가 있으며, 2007년 10월 24일 유엔의 날에 부산광역시는 이 공원을 등록문화재로 지정한 바 있다.

"찰리, 내 사랑! 아침이 그토록 눈부셨던 이날!/ 달콤한 작별 키스 아직도 남아있는데/ 곧 돌아온다던 그 손 놓지 말 것을/ 지구 동쪽 끝 미지의 나라/ 달빛

부산 재한유엔기념공원

곱던 강물이 선홍색 핏빛 되고/ 내 소중한 당신 잠들던 날/ 늦가을 붉은 사과 시리도록 아름다웠지요/ 다시는 돌아오지 못해도/ 아직도 사랑하는 그대"

 1950년 11월 1일 30세의 나이로 한국전쟁에서 사망한 남편 찰리(호주군 대대장 중령)를 잊지 못해 그의 아내 찰리 그린은 13년 동안 공들여서 《아직도 그대 이름은 찰리》라는 책을 펴냈는데 여기에 나오는 시가 지금도 소개되고 있다.
 이 공원을 명당터로 만들어 인류의 자유와 평화를 수호하기 위하여 수만 리 이국땅에서 목숨을 바친 이들의 영령을 위로하고, 편안한 안식처가 되게 하는 일은 항상 보은과 감사를 잊지 말아야 할 대한민국 국민의 한 사람으로서의 기본적인 도리라 생각한다. 다소 시간이 걸리더라도 반드시 실행에 옮길 과제로 삼고자 한다.

23. 명당터로 만들어주는 길 안내

내가 살고 있는 집터의 기에너지 수준을 알아보고 이를 명당터로 만드는 방법을 알았다면 남은 과제는 이것을 어떻게 내 것으로 만들 것이냐가 현실의 과제가 된다. 물론 내가 직접 방법을 배워서 해결하는 것이 가장 바람직하다. 그러나 여건상 그것이 어렵다면 능력이 있는 다른 사람의 손을 빌리는 방법을 택하는 것이다.

본인이 직접 방법을 배워서 스스로 해결한다.

서울 명륜동에 소재하는 천신기天神氣 기아카데미에서는 5개월 기본 수련과정을 통해 본인 스스로 기에너지 측정능력 등을 터득, 함양하여 원하는 대상을 명당터로 만드는 방법이 있다.

이는 나와 가족의 건강은 물론 이웃에게도 봉사할 수 있는 바람직한 방법이라 하겠다. 인터넷을 이용하여 천신기 기아카데미 홈페이지로 들어가면 자세한 소개와 수련과정 안내를 받을 수 있다.

또한 위 홈페이지이지 상담센터를 통해서 독자 여러분이 살고 있는 주택이나 조상 묘소 등의 터가 좋은지 여부를 점검하여 그 결과를 알려주는 무료 서비스를 실시하고 있으니 이를 활용할 수도 있다. 이용 시에는 대상 지번, 신청자의 성명과 회신이 가능한 휴

대전화 번호나 이메일 주소의 제시가 필요할 것이다.

본인이 직접 해결할 수 없는 사정이라면 능력이 있는 지인에게 의뢰해서 해결한다.

본인이 시간적인 제약 등 사정으로 직접 수련과정을 이수하며 능력을 함양하기 어려운 경우에는 가까운 주변에서 수련을 거친 능력자를 찾아 의뢰하여 해결하는 방법이 있다.

천신기天神氣 기아카데미는 부설기관으로 명당화연구소를 두어 이 연구소를 중심으로 숙련된 태사들이 명당터 만들기 작업에 나서고 있는데 이를 이용하는 방법 등이 차선책이라 할 수 있다.

천신기 기아카데미/ 천신기 기아카데미 명당화연구소
홈페이지: http://chunshingi.com/
연락처: 02-3676-8101

수맥파 차단 및 명당화 사례

1. 조상 묘소에 대한 수맥파 차단 및 명당화 작업 사례
(집기판을 사용하여 조상 묘소의 수맥파를 우회차단하거나 명당화 작업을 한 후 나타난 신비한 사례)

1) 2012. 5. 8.(화) 인천광역시 강화도 송해면 하도리 208-7 소재 파라다이스 공원묘원에 이ㅇㅇ 태사의 조부모님, 부모님 묘소를 이장(이장 전: 김포시 대곶면 쇄암리 산00번지 소재 매장묘: 하등급, 116규빗)하고, 화장묘에 집기판을 설치하여 명당화 작업 실시.
- 이장 전후 묘소터: 116규빗→144규빗으로 변화.
- 이때 작업에 참여한 자손(아들, 딸 손자들)의 신체의 기 수준이 모두 높아지는 축복이 있었으며 그 수준은 각기 다르게 나타났음
 (특히 본인과 아내에게는 신체의 기 수준이 144규빗으로 변화되는 축복을 확인함).

2) 2013. 7. 27.(토) 충청남도 천안시 동남구 북면 은지리 산1번지 은석산 소재 박ㅇㅇ 선사(25기)의 조상 묘소(8대 조상을 모두 모신 가족화장묘: 하등급, 112규빗)에 집기판을 설치하여 수맥파 우회차단 및 명당화 작업 실시.
- 묘소터: 112규빗→144규빗으로 변화.
- 이때 작업에 참여한 자손 박ㅇㅇ 선사와 외사촌 누이동생

서ㅇㅇ 선사(55기)에게 동일한 축복(신체의 기, 144규빗으로 변화)이 내려진 것을 확인함.

3) 2014. 9. 20.(토) 전라남도 화순군 동면 백용리 산47번지 소재 최ㅇㅇ 씨의 조부모, 증조부모 묘소(매장묘; 하등급, 116규빗)에 집기판을 설치하여 수맥파 우회차단 및 명당화 작업 실시.
- 묘소터: 116규빗→144규빗으로 변화.
- 이때 작업에 참여한 장손자 최ㅇㅇ씨와 그 가족(처, 아들, 손자), 그리고 작업에 참여한 본인의 아들과 딸의 가족(사위, 며느리, 손자 3, 손녀1)에게 동일한 축복(신체의 기, 144 규빗으로 변화)이 내려진 것을 확인함.
- 당일 농구 경기를 하다가 양쪽 발목을 다친 지 얼마 되지 않은 아들이 하루 종일 승용차를 운전하였는데도 발목이 아프지 않았고, 등산을 해본 적이 없는 아내가 2시간가량 험한 산에 오르내렸는데도 전혀 피곤하지 않다고 하는 신기한 현상도 있었음.

4) 2014. 11. 8.(토) 경기도 용인시 기흥구 청덕동 산25번지 소재 묘소로 정ㅇㅇ 씨의 부모님을 이장하고 화장묘 봉안함에 집기판을 설치하여 명당화 작업 실시.
- 묘소터: 135규빗→144규빗으로 변화.
- 이때 작업에 참여한 정ㅇㅇ 씨 부부 그리고 출가한 사위, 외

손녀에게 동일한 축복(신체의 기, 144규빗으로 변화)이 내려진 것을 확인함.

5) 2015. 4. 12.(일) 경상남도 통영군 욕지면 동항리 산101번지 소재 이ㅇㅇ 태사(태사반 1기)의 부모님 묘소(매장묘; 중등급, 136규빗)에 집기판을 설치하여 명당화 작업 실시.
- 묘소터: 136규빗→144규빗으로 변화.
- 이때 작업에 참여한 자손 이ㅇㅇ 태사와 부인 이ㅇㅇ 선사(선사반 1기)에게 동일한 축복(신체의 기, 144규빗으로 변화)이 내려진 것을 확인함.

6) 2015. 4. 27.(월) 충청남도 보령시 주산면 금암리 산54번지 소재 이ㅇㅇ 태사(태사반 1기)의 부모님, 조부모님 등 조상 묘소(매장묘; 하등급, 113규빗)에 집기판을 설치하여 수맥파 우회차단 및 명당화 작업 실시.
- 묘소터: 113규빗→144규빗으로 변화.
- 이때 작업에 참여한 자손 이ㅇㅇ 태사와 부인과 자녀, 그리고 동생 이ㅇㅇ 씨 부부와 자녀에게 동일한 축복(신체의 기, 144규빗으로 변화)이 내려진 것을 확인함.

7) 2015. 5. 22.(금) 경상북도 안동시 임하면 천전리 산175번지 소

재 송ㅇㅇ 태사(태사반 1기)의 조부모님, 증조부모님 등 조상 묘소(매장묘: 하등급, 116규빗)에 집기판을 설치하여 수맥파 우회차단 및 명당화 작업 실시.

- 묘소터: 116규빗→144규빗으로 변화.
- 이때 작업에 참여한 자손 송ㅇㅇ 태사와 부인, 그리고 친형에게 동일한 축복(신체의 기, 144규빗으로 변화)이 내려진 것을 확인함.

8) 2015. 6. 5.(금) 전라남도 장흥군 용산면 관지리 산67번지 소재 손ㅇㅇ 태사(태사반 1기)의 선산 묘소(매장묘: 중등급, 135규빗)에 집기판을 설치하여 명당화 작업 실시.

- 묘소터: 135규빗→144규빗으로 변화)
- 이때 작업에 참여한 자손 손ㅇㅇ 태사와 부인, 딸, 두 아들, 그리고 처남 황ㅇㅇ씨 내외에게 동일한 축복(신체의 기, 144규빗으로 변화)이 내려진 것을 확인함(작업에 참여한 사람은 손ㅇㅇ, 조카 손ㅇㅇ, 처남 황ㅇㅇ).

9) 2015. 6. 19.(금) 충청북도 영동군 용화면 월전리 491-1번지 소재 이ㅇㅇ씨 선산 묘소(부모님 묘소, 조모님 묘소: 매장묘, 하등급, 116규빗)에 집기판을 설치하여 수맥파 우회차단과 명당화 작업 실시.

- 묘소터: 116규빗→144규빗으로 변화.
- 이때 작업에 참여한 손녀딸 이ㅇㅇ와 사위, 그리고 이ㅇㅇ의

부친과 모친에게 동일한 축복(신체의 기, 144규빗으로 변화)이 내려진 것을 확인함(작업에 참여한 사람은 손녀딸 이○○와 그의 남편, 그리고 지인 이○○ 씨).

10) 2015. 10. 17.(토) 경기도 화성시 기안동 산8번지 소재 조○○ 선사(선사반 제3기) 선산 묘소(조부모님 묘소, 모친 묘소: 매장묘, 하등급, 117규빗)에 집기판을 설치하여 수맥파 우회차단과 명당화 작업 실시.
- 묘소터: 117규빗→144규빗으로 변화.
- 이때 작업에 참여한 자손 조○○와 부인에게 동일한 축복(신체의 기, 144규빗으로 변화)이 내려진 것을 확인함.

11) 2015. 10. 28.(수) 충청북도 청주시 상당구 용정동 산100번지 소재 김○○ 태사(태사반 1기) 선산 묘소(조모님 묘소, 부모님 묘소, 고모님 묘소: 매장묘, 하등급, 103규빗)에 집기판을 설치하여 수맥파 우회차단과 명당화 작업 실시.
- 묘소터: 103규빗→144규빗으로 변화.
- 이때 작업에 참여한 자손 김○○ 태사와 부인에게 동일한 축복(신체의 기, 144규빗으로 변화)이 내려진 것을 확인함.

12) 2016. 4. 15.(금) 경기도 양주시 장흥면 일영리 산33-1번지 소재 신세계공원묘원(1271호) 신○○ 태사(태사반 1기)선친묘소(매장묘: 중등

급, 133규빗)에 집기판을 설치하여 명당화 작업 실시.

- 묘소터: 133규빗→144규빗으로 변화.
- 이때 작업에 참여한 자손 신ㅇㅇ 태사와 부인, 그리고 딸, 친손자, 친손녀에게 동일한 축복(신체의 기, 144규빗으로 변화)이 내려진 것을 확인함.

13) 2016. 5. 5.(목) 경기도 김포시 대곶면 대명리 산150-3번지 소재 장ㅇㅇ 씨 선친 묘소(매장묘: 중등급, 136규빗)에 집기판을 설치하여 명당화 작업 실시.

- 묘소터: 136규빗→144규빗으로 변화.
- 이때 작업에 참여한 자손 장ㅇㅇ과 남동생 3명의 내외, 여동생 2명의 내외, 아들과 자부, 조카 등 13명과 비참가자 5명 등 총 18명의 자손들에게 동일한 축복(신체의 기, 144규빗으로 변화)이 내려진 것을 확인함. 그리고 결혼한 지 2년이 넘도록 아기가 없어 걱정하던 며느리가 동년 7월 초에 회임하는 경사가 있었음.

14) 2016. 7. 13.(목) 천안시 동남구 광덕면 신덕리 산22번지 천안공원묘원 봉황 2단 25번묘역 소재 김ㅇㅇ 태사(태사반 2기) 선친 묘소(매장묘: 중등급, 136규빗)에 집기판을 설치하여 명당화 작업 실시.

- 묘소터: 136규빗→144규빗으로 변화.
- 이때 작업을 참여한 자손 김ㅇㅇ 내외와 친지 곽ㅇㅇ 씨, 그리

고 모친과 미국에 있는 손자 김ㅇㅇ 등 5명에게 축복(신체의 기, 144규빗으로 변화)이 내려진 것을 확인함.

15) 2017. 3. 26.(일) 경기도 용인시 처인구 모현면 매산리 산48번지 소재 이ㅇㅇ 태사(태사반 2기) 조부님 묘소(매장묘: 하등급, 116규빗)에 집기판을 설치하여 수맥파 우회차단과 명당화 작업 실시.
- 묘소터: 116규빗→144규빗으로 변화, 동기감응 해소.
- 이때 작업에 참여한 자손 이ㅇㅇ 태사 내외에게 동일한 축복(신체의 기,144규빗으로 변화)이 내려지고, 동기감응 현상으로 간뇌의 기 수준이 116규빗이었던 이ㅇㅇ 태사의 손자 이ㅇㅇ 군(1996년생)의 간뇌의 기 수준이 136규빗(건강한 정상인의 수준)으로 회복된 것을 확인함.
- 위 이ㅇㅇ 군은 오래된 주의력결핍증으로 미국 유학을 가서 제대로 공부를 하지 못하고 중도에 귀국했었는데, 명당화 작업 후 본인 의사에 따라 다시 미국 유학을 떠나 소정 과정을 좋은 성적으로 이수하고, 원하는 곳에 인턴으로 취직하는 등 좋은 결과가 나타나고 있어 외과의사인 부친을 비롯하여 가족들이 모두 기뻐하고 있다고 알려왔음.

16) 2017. 6. 30.(금) 경북 경주시 충효동 산147-2번지 소재 이ㅇㅇ 태사(태사반 1기)의 제18대 조부님 묘소(매장묘: 중등급, 132규빗, 경주이씨

교감공파 종산)에 대하여 집기판을 설치하여 명당화 작업 실시.

- ■ 묘소터: 132규빗→144규빗으로 변화.
- ■ 이때 작업에 참여한 자손 이○○(파종회 회장) 내외와 아들(미국 거주), 그리고 자손 이○○(파종회 사무처장) 내외 와 아들에게 동일한 축복(신체의 기, 144규빗으로 변화)이 내려진 것을 확인함.

17) 2017. 7. 12.(수) 전라남도 함평군 신광면 원산리 산113번지 소재 박○○ 선사(선사반 6기)의 선산 약 9,000평 규모(조부님 묘소, 백모님 묘소, 부친 묘소: 매장묘, 중등급, 133규빗)에 대하여 집기판을 설치하여 명당화 작업 실시.

- ■ 묘소터: 133규빗→144규빗으로 변화.
- ■ 이때 작업에 참여한 자손 박○○ 선사와 형제 2인 내외, 사위 하○○에게 신체의 기 수준이 144규빗으로 변화하는 동일한 축복이 내려진 것을 확인함(지호 박○○ 선사가 주관).

18) 2017. 7. 28.(금) 경기 남양주시 진건읍 배양리 산00번지 소재 이○○ 태사(태사반 1기)의 처조부님 묘소(매장묘: 하등급, 117규빗)에 대하여 집기판을 설치하여 명당화 작업 실시.

- ■ 묘소터: 117규빗→144규빗으로 변화, 동기감응 해소.
- ■ 이때 작업에 참여한 증손자 신○○(1967년생) 내외에게 신체의 기 수준이 144규빗으로 변하는 동일한 축복이 내려졌고,

2017. 2. 5. 조부모 묘소와 동기감응 현상으로 간뇌의 기 수준이 117규빗으로 낮아졌던 손녀 신 여사(이ㅇㅇ 태사의 부인)와 2017. 1. 27. 증조부묘소와 동기감응 현상으로 기 수준이 117규빗으로 낮아졌던 증손자 신ㅇㅇ의 간뇌의 기 수준이 144규빗으로 변화하여 회복되었음을 확인함.

- 손녀 신 여사는 2015. 4. 27. 시부모님의 묘소에 대한 명당화 작업 시 신체와 간뇌의 기 수준이 모두 144규빗으로 변화되었는데, 2017. 2. 5. 조부모님 묘소와 관련된 동기감응 현상이 오면서 간뇌의 기수 준이 117규빗으로 낮아진 것이며, 증손자 신ㅇㅇ는 2017. 1. 초에 심장부정맥 수술을 받고 치료 중이던 2017. 1. 27. 별도로 동기감응 현상이 오면서 간뇌의 기 수준이 117규빗으로 낮아졌다는 것이 특이함.

19) 2017. 9. 1.(금) 경기도 파주시 탄현면 금승리 산66-2번지 천주교평화묘원 소재 장ㅇㅇ(1965. 4. 19)의 부모 묘소(매장묘: 하등급, 115규빗)에 대하여 집기판을 설치하여 수맥파 우회차단 및 명당화 작업 실시.

- 묘소터: 115규빗→144규빗으로 변화, 동기감응 해소.
- 이때 작업에 참여한 딸 장ㅇㅇ와 남편 이ㅇㅇ, 외손자 이ㅇㅇ, 그리고 친지 박ㅇㅇ(태사반 3기)에게 신체의 기 수준이 144규빗으로 변하는 축복이 내려졌고, 동시에 갑상선 수술을 받은 후

인 2013. 5. 25. 동기감응 현상으로 간뇌의 기 수준이 115규빗으로 낮아졌던 딸 장ㅇㅇ의 간뇌의 기수 준이 144규빗으로 변화되었고, 또한 외손자 이ㅇㅇ 군은 크론병을 앓고 있는 중 2017. 4. 7. 간뇌의 기 수준과 조부님 묘소(북한 땅에 소재)의 기 수준이 118규빗으로 동기감응이 된 것으로 확인되어 그 대책을 찾고 있었는데, 이번 외할아버지 묘소의 명당화 작업으로 동기감응이 해소되어 간뇌의 기가 144규빗으로 변화되는 큰 축복이 확인됨.
- 남편 이ㅇㅇ 씨에 의하면 돌아가신 장인이 꿈에 나타나서 장모님을 모신 관이 물에 잠기고 있다고 알려준 일이 있으며, 외손자 이ㅇㅇ 군에 의하면 외할아버지가 꿈에 자주 나타났다고 하는 특이사항이 있음.

20) 2017. 9. 22.(금) 전남 장흥군 장평면 등촌리 산43번지 소재 백ㅇㅇ 태사(태사반 2기)의 선산 묘소(선친, 조부모님, 증조부모님 등; 매장묘, 중등급 136규빗)에 대하여 집기판을 설치하여 명당화 작업 실시.
- 묘소터: 136규빗→144규빗으로 변화.
- 이때 작업에 참여한 백ㅇㅇ 태사 내외와 자녀, 남동생 3인과 여동생 1인의 내외, 그리고 동생들의 자녀인 조카 8인의 신체의 기 수준이 144규빗으로 변화되는 동일한 축복을 확인함. 현장에서 백ㅇㅇ 태사와 첫째 남동생이 가슴이 확 뚫리는 것

같은 체험을 하였고, 이 남동생은 건강이 좋지 않은 상태였는데 그 이후 건강상태가 호전되고 있다 함.

21) 2017. 9. 24.(일) 경기도 연천군 왕징면 무등리 산104번지 소재 박ㅇㅇ 태사(태사반 2기)의 선산 묘소(조부모님, 증조부모님, 고조부모님; 매장묘, 중등급 135규빗)에 대하여 집기판을 설치하여 명당화 작업 실시.
- 묘소터: 135규빗→144규빗으로 변화.
- 이때 작업에 참여한 박ㅇㅇ 태사 내외와 남동생 그리고 큰아들 내외가 신체의 기 수준이 144규빗으로 변화되는 동일한 축복이 내려진 것을 확인함.
- 晙延 박ㅇㅇ 태사가 주관.

22) 2017. 10. 23.(월) 경북 청송군 현동면 눌인리 산230번지 소재 이ㅇㅇ(1942년생)의 증조부님 묘소(매장묘: 하등급, 118규빗)에 대하여 집기판을 설치하여 수맥파 우회차단 및 명당화 작업 실시.
- 묘소터: 118규빗→144규빗으로 변화.
- 이때 작업에 참여한 증손자 이ㅇㅇ(1942년생) 내외와 아들, 딸 그리고 증손자 이ㅇㅇ(1954년생) 내외와 아들, 딸에게 신체의 기 수준이 144규빗으로 변하는 동일한 축복이 내려진 것을 확인함.

23) 2017. 11. 9.(목) 경상북도 청도군 화양읍 신봉리 산15, 산

15-3번지(약 1,000평) 소재 최○○의 조부모님 묘소(매장묘: 하등급, 114규 빗)에 대하여 집기판을 설치하여 수맥파 우회차단 및 명당화 작업 실시.

- 묘소터: 114규빗→144규빗으로 변화, 동기감응 해소.
- 이때 작업에 참여한 최○○의 신체의 기 수준이 144규빗으로 변화하는 축복이 내려졌고(신체의 기 수준 133규빗, 간뇌의 기 수준 114규 빗이 모두 144규빗으로 변화), 최○○ 씨와 함께 동기감응 현상으로 간 뇌의 기 수준이 114 규빗으로 낮아졌던 최 씨의 부친 최○○, 두 딸 최○○, 최○○, 아들 최○○(신체의 기 수준은 모두 133규빗이었 다.)의 신체의 기 수준과 간뇌의 기 수준이 모두 136규빗으로 변화되어 동기감응 상태는 전원 해소되었다.
- 특이사항은 조상 묘소의 기 수준이 하등급인 114규빗으로 그 자손인 아들, 손자, 증손자의 3대에게 모두 동기감응 현상이 초래되었다는 사실, 그리고 증손자 3인이 모두 자폐증으로 고 생하고 있었다는 사실이다.
- 믓沿 김○○ 선사, 志灝 박○○ 선사가 공동 주관.

24) 2018. 3. 12.(월) 충청북도 진천군 문백면 계산리 산57-1번지 소재 김○○ 태사(태사반 1기)의 선산 묘소(부모님, 조부모님, 증조부모님; 매장 묘, 중등급 137규빗)에 대하여 집기판을 설치하여 명당화 작업 실시.

- 묘소터: 137규빗→144규빗으로 변화.

■ 이때 작업에 참여한 자손 김ㅇㅇ 태사와 부인, 그리고 두 아들에게 신체의 기 수준이 144규빗으로 변화되는 동일한 축복이 내려진 것을 확인함.

25) 2018. 3. 15.(목) 전라남도 장성군 장성읍 영천리 산29 번지 소재 김ㅇㅇ(62년생, 여)의 조부모 묘소(매장묘: 하등급, 114규빗)에 집기판을 설치하여 수맥파 우회차단 및 명당화 작업 실시.
■ 묘소터: 114규빗→144규빗으로 변화, 동기감응 해소.
■ 이때 작업에 참여한 김ㅇㅇ, 장ㅇㅇ 내외와 그 아들, 부친이 모두 신체의 기 수준이 144규빗으로 변화되는 축복을 확인하였고, 백혈병을 앓고 있는 중인 2017. 7. 10.에 동기감응 현상으로 기 수준이 114규빗으로 낮아졌던 김ㅇㅇ의 간뇌의 기 수준이 회복되어 144규빗으로 변화됨으로써 앞으로 이 병의 치료에 도움이 될 것으로 기대됨.

26) 2018. 5. 4.(금) 경상북도 상주시 모동면 삼판리 산47-1번지 소재 황ㅇㅇ(선사반 10기)의 증조부 등 묘소(매장묘: 하등급, 114규빗)에 대하여 집기판을 설치하여 수맥파 우회차단 및 명당화 작업 실시.
■ 묘소터: 114규빗→114규빗으로 변화, 동기감응 해소.
■ 이때 작업에 참여한 자손 황ㅇㅇ, 채ㅇㅇ 내외와 남동생 황ㅇㅇ, 그리고 모친 손ㅇㅇ(84세), 여동생 황ㅇㅇ, 아들 채ㅇㅇ(28세),

딸 채ㅇㅇ(28세)이 모두 신체의 기 수준이 144규빗으로 변화되는 축복을 확인하였고, 파킨슨병 등 여러 가지 성인병 증세로 고생하면서 동기감응 현상으로 114규빗으로 낮아졌던 황ㅇㅇ의 간뇌의 기 수준이 144규빗으로 변화됨으로써 앞으로 질병 치료에 도움이 될 것으로 기대됨.
- 당일 수맥파 우회차단 및 명당화 작업 실시 결과 곡선 거리로 3.5km 떨어져 있는 모동면 수봉리 산24-1번지 소재 고조부님 묘소(매장묘: 하등급, 114규빗)가 동시에 수맥파가 차단되고 명당터로 변화된 것을 현장 답사를 통하여 확인되는 특이사항이 있었는데, 이는 수맥파와 기의 흐름이 증조부님 묘소와 하나로 연결되어 있는 것으로 추정됨.

27) 2018. 9. 30.(일) 충청북도 음성군 생극면 일생로 497-27 소재 생극공원묘원에 있는 김ㅇㅇ 선사의 시댁 가족묘(납골묘: 중등급, 133규빗)에 대하여 집기판을 설치하여 명당화 작업 실시.
- 묘소터: 133규빗→144규빗으로 변화.
- 이때 작업에 참여한 김ㅇㅇ 선사와 그의 자녀, 그리고 작업을 실시한 이ㅇㅇ 태사의 신체의 기 수준이 144규빗으로 변화되는 동일한 축복이 내려진 것을 확인함.

28) 2018. 11. 2.(금) 충청남도 당진군 소재 이ㅇㅇ 태사의 증조부

모 묘소(매장묘, 하등급 117규빗)에 대하여 집기판을 설치하여 수맥파 우회차단 및 명당화 작업 실시.

- ■ 묘소터: 117규빗→144규빗으로 변화,동기감응 해소.
- ■ 이때 작업에 참여한 부친 이ㅇㅇ와 모친, 이ㅇㅇ 태사의 남편 송ㅇㅇ과 두 딸, 남동생 이ㅇㅇ 내외가 144규빗의 생기 수준을 회복하는 축복이 있었고, 남동생 이ㅇㅇ의 간뇌의 기 수준이 117규빗에서 144규빗으로 변화되어 동기감응이 해소되었음.

29) 2019. 3. 30.(토) 충청남도 서산시 갈산동 산110-21 소재 홍ㅇㅇ 선사의 부모님 묘소(화장묘, 중등급 136규빗)에 대하여 집기판을 설치하여 명당화 작업 실시.

- ■ 묘소터: 136규빗→144규빗으로 변화.
- ■ 이때 작업에 참여한 홍ㅇㅇ 선사 내외와 두 아들, 막내 장손자, 둘째 형 내외에게 신체의 기 수준이 144규빗으로 변화되는 축복을 확인함.

30) 2019. 5. 10.(금) 경기도 남양주시 화도읍 경춘로 2110번길 8-102 모란공원 소재 권ㅇㅇ 선사의 부모님 묘소(매장묘, 중등급 134규빗)에 대하여 집기판을 설치하여 명당화 작업 실시.

- ■ 묘소터: 134규빗→144규빗으로 변화.
- ■ 이때 작업에 참여한 권ㅇㅇ 선사 내외, 아들 권ㅇㅇ 내외와 손자

의 신체의 기 수준이 144규빗으로 변화되는 축복을 확인함.

31) 2019. 5. 27.(월) 충청남도 천안시 남동구 북면 연춘리 산15번지 소재 소ㅇㅇ 선사의 부모님 묘소(매장묘, 하등급, 117규빗) 등 선산에 대하여 집기판을 설치하여 수맥파 우회차단 및 명당화 작업 실시.
- 묘소터: 117규빗→144규빗으로 변화, 동기감응 해소.
- 이때 작업에 참여한 소ㅇㅇ 선사 부부와 두 아들, 남동생 부부와 아들, 여동생, 외삼촌 부부 그리고 작업에 참여하지 않은 큰 누님 내외와 아들 딸, 셋째 누님 내외와 두 아들의 신체의 기 수준이 모두 144규빗으로 변화되는 축복을 확인하였고, 수년간 원인불명의 어지럼 증세로 고생하면서 동기감응 현상이 일어나 간뇌의 기 수준이 117규빗으로 낮아졌던 소ㅇㅇ 선사와 유방암 등 증세로 투병하면서 동기감응 현상이 일어나 간뇌의 기 수준이 117규빗으로 낮아졌던 큰 누님의 간뇌의 기 수준이 144규빗으로 변화되어 동기감응이 모두 해소되는 축복도 확인됨.

32) 2019. 6. 16.(일) 경상남도 밀양시 무안면 무안리 45번지 소재 서ㅇㅇ 선사 조부모님 묘소 등 달성 서씨 판서공파 밀양 문중 가족묘원(화장묘, 중등급, 136규빗)에 대하여 집기판을 설치하여 명당화 작업 실시.

- 묘소터: 136규빗→144규빗으로 변화.
- 이때 작업에 참여한 서ㅇㅇ 선사 부부, 동생 3인의 부부, 아들 부부, 그리고 병원에 입원한 모친과 손자의 신체의 기 수준이 144규빗으로 변화되는 축복을 확인함.

33) 2019. 7. 28.(일) 경기도 여주군 가남면 금곡리 343-5 남한강 공원묘원 소재 이ㅇㅇ 선사의 부모님 묘소(화장묘, 중등급, 137규빗)에 대하여 집기판을 설치하여 명당화 작업 실시.
- 묘소터: 137규빗→144규빗으로 변화.
- 이때 작업에 참여한 이ㅇㅇ 선사 부부와 첫째 딸 부부, 둘째 딸, 셋째 딸의 신체의 기 수준이 144규빗으로 변화되는 축복을 확인함.

2. 주택에 대한 수맥파 차단 및 명당화 작업 사례

1) 서울 강남구 신사동 644-11, 00층

   (135규빗→144규빗)

   2014. 12. 10. 장○○ 선사

2) 서울 관악구 청림동 1000번지, 관악현대A 110동

   (117규빗→144규빗)

   2014. 12. 23. 이○○ 태사

3) 서울 송파구 문정로 83, 111동(문정동, 문정래미안A)

   (135규빗→144규빗)

   2015. 1. 7. 송○○ 태사

4) 서울 서초구 방배3동 1008-2, 삼성아트힐A 104동

   (137규빗→144규빗)

   2015. 1. 20. 김○○ 선사

5) 서울 서대문구 연희동 45-24, 연희현대빌라 가동

   (134규빗→144규빗)

   2015. 2. 6. 송○○ 태사

6) 경기 고양시 일산서구 덕이동, 아이파크A 504동

   (137규빗→144규빗)

   2015. 3. 6. 이○○ 태사

7) 서울 용산구 이촌로248, 34동(이촌동, 한강맨션A)

   (137규빗→144규빗)

   2015. 3. 11. 김ㅇㅇ 태사

8) 서울 강남구 삼성2동 7-3번지, 래미안삼성2차A 104동

   (137규빗→144규빗)

   2015. 5. 8. 이ㅇㅇ 태사

9) 서울 마포구 하중동101, 한강밤섬자이A 102동

   (118규빗→144규빗)

   2015. 5. 11. 김ㅇㅇ 선사

10) 서울 동작구 상도동 156-7

   (137규빗→144규빗)

   2015. 5. 22. 이ㅇㅇ 태사

11) 서울 강서구 등촌동 717, SK그레이스힐

   (136규빗→144규빗)

   2015. 6. 13. 이ㅇㅇ 태사

12) 경기 고양시 일산동구 산두로 26 (마두동) 정발빌라 405동

   (136규빗→144규빗)

   2015. 7. 22. 손ㅇㅇ 태사

13) 서울 강남구 대치동 316번지, 은마A 31동

   (136규빗→144규빗)

   2015. 9. 25. 이ㅇㅇ 태사

14) 서울 종로구 사직로 8길 4, (사직동) 광화문스레이스본 101동

(137규빗→144규빗)

2015. 10. 16, 유ㅇㅇ 선사

15) 서울 강남구 대치1동, 삼성A 103동

(137규빗→144규빗)

2015. 10. 17. 윤ㅇㅇ 선사

16) 경기 수원시 팔달구 화서동 743, 화서워브하늘채A 103동

(136규빗→144규빗)

2015. 12. 5. 김ㅇㅇ 태사

17) 서울 서대문구 북아현3동 1-98, 힐사이드빌

(136규빗→144규빗)

2016. 2. 16. 백ㅇㅇ 태사

18) 서울 마포구 상수동 341-19

(138규빗→144규빗)

2016. 2. 25. 박ㅇㅇ 태사

19) 서울 서초구 서초3동 1467-3번지, 대우A

(139규빗→144규빗)

2016. 4. 2. 허ㅇ 태사

20) 미국 버지니아주444 W Broad st.Unit426.Falls Church

(130규빗→144규빗)

2017. 12. 3. 김ㅇㅇ 태사

21) 울산광역시 울주군 언양읍 서부리 193-00번지

   (115규빗→144규빗)

   2017. 12. 11. 임ㅇ 태사

22) 제주시 조천읍 선흘리 2883 레스트타운 G동

   (136규빗→144규빗)

   2019. 1. 23. 강ㅇㅇ 선사

23) 강원도 평창군 대관령면 용산리 526-1, 베르데힐콘도 3동

   (135규빗→144규빗)

   2019. 2. 5. 심ㅇㅇ 태사

24) 대전 서구 둔산동 1203번지, 은하수A 103동

   (131규빗→144규빗)

   2019. 5. 4. 정ㅇㅇ 선사

그 외 114건

3. 학교, 병원, 공원, 주택단지, 대형건물 등 기타

1) 2012. 3. 24.(토) 서울 강남구 대치동 945-27 소재 건물 15층 3,000평(하등급,115규빗)에 대하여 수맥파 우회차단 및 명당화 작업 실시(1l6규빗→144규빗).

2) 2014. 8. 20.(수) 인천 서구 심곡동 247-2 소재 6층 건물 470평(하등급, 116규빗)에 대하여 수맥파 우회차단 및 명당화 작업 실시(116규빗→144규빗).

3) 2016. 5. 27.(금) 안양시 만안구 안양동 782-19번지 소재 삼덕공원(근린공원시설) 4,482평(중등급,136규빗)에 대하여 명당화 작업 실시(136규빗→144규빗).

4) 2016. 8. 12.(금) 안양시 만안구 병목안로 220, 흥화브라운빌 아파트단지(대지 2,325평 224세대: 중등급. 138규빗)에 대하여 명당화 작업 실시(138규빗→144규빗).

5) 2016. 9. 11.(일) 안양시 동안구 호계동 1053-4 목련아파트 8단지(대지16,803평 516세대: 중등급 137규빗)에 대하여 명당화 작업 실시(137규빗→144규빗).

6) 2016. 9. 11.(일) 안양시 동안구 호계동 1054-5 번지 소재 범계중학교 부지(중등급, 136규빗)에 대하여 명당화 작업 실시(136규빗→144규빗).

7) 2016. 10. 13.(목) 천안시 동남구 목천읍 신계리 155 및 156

번지 소재 답 886평(하등급,117규빗)에 대하여 수맥파 우회차단 및 명당화 작업 실시(117규빗→144규빗).

8) 2017. 7. 6.(목) 경남 양산시 상북면 신전리 산29번지 외 4 소재 대지 3,580평(중등급,135규빗)에 대하여 명당화 작업 실시(135규빗→144규빗).

9) 2017. 9. 22.(금) 서울 동작구 신대방동 425번지 소재 병원 부지 약 7,450평(하등급, 114규빗)에 대하여 수맥파 우회차단 및 명당화 작업 실시(114규빗→144규빗).

   * 曦堂 윤ㅇㅇ 선사, 旲泪 김ㅇㅇ 선사, 志灝 박ㅇㅇ 선사 공동 주관.

10) 2017. 10. 18.(수) 서울 영등포구 문래동 3가 55-20 소재 에이스하이테크시티 건물 1동(지상 17층,지하 3층) 4,032평(중등급, 133규빗)에 대하여 명당화 작업 실시(133규빗→144규빗).

11) 2017. 11. 6.(월) 서울 광진구 능동로 120-1 소재 병원 부지(중등급, 136규빗)에 대하여 명당화 작업 실시(136규빗→144규빗).

   *서울 광진구 아차산로 262 더샵스타시티 B동과 동시.

12) 2017. 12. 30.(토) 서울 용산구 보광동 280-3, 2층 소재 ㅇㅇ정형외과 70평(중등급, 133규빗)에 대하여 명당화 작업 실시(133규빗→144규빗).

13) 2018. 12. 20(목) 서울 종로구 명륜1가 33-90, 경주이씨 중앙화수회관 지상 5층,지하 1층 약 1,100평(중등급, 138규빗) 건

물에 대하여 명당화 작업을 실시(138규빗→144규빗).

14) 2019. 1. 28.(월) 서울 송파구 잠실동 175번지 소재 지상 17층, 지하 6층 건물 4,737평(중등급, 134규빗)에 대하여 명당화 작업 실시(134규빗→144규빗).

*서울 송파구 잠실동 86번지, 아시아선수촌A 1동과 동시.

15) 2019. 1. 28.(월) 서울 송파구 잠실동 194번지 소재 오피스텔 10층 건물 1개동 223세대(중등급, 135규빗)에 대하여 명당화 작업 실시(135규빗→144규빗).

*서울 송파구 잠실동 86번지, 아시아선수촌A 1동과 동시.

16) 2019. 1. 28.(월) 서울 송파구 잠실동 194-7번지 소재 청소년센터 지상 8층, 지하 1층 건물(중등급, 135규빗)에 대하여 명당화 작업 실시(135규빗→144규빗).

*서울 송파구 잠실동 86번지, 아시아선수촌A 1동과 동시.

17) 2019. 1. 28.(월) 서울 송파구 잠실동 19-6번지 소재 도서관 지상 3층 지하 1층 건물(중등급, 135규빗)에 대하여 명당화 작업 실시(135규빗→144규빗).

*서울 송파구 잠실동 86번지, 아시아선수촌A 1동과 동시.

18) 2019. 1. 28.(.월) 서울 송파구 신천동 29 롯데타워 102층 건물(하등급, 103규빗)에 대하여 수맥파 차단 작업 실시(103규빗→133규빗).

*서울 송파구 잠실동 86번지, 아시아선수촌A 1동과 동시.

19) 2019. 4. 10.㈜ 서울 중구 신당동, ㅇㅇ은행 신당동지점 지상 7층 건물(중등급, 135규빗)에 대하여 명당화 작업 실시(135규빗→144규빗).

20) 2019. 7. 6.㈔ 경기 평택시 서정동 897-16, 연립주택 3층 11세대 건물(중등급, 132규빗)에 대하여 명당화 작업 실시(132규빗→144규빗), 심ㅇㅇ 선사 참여.

21) 2019. 9. 11.㈜ 경기 안양시 만안구 석수동 3-4 번지 소재 참나무숯불구이집(중등급, 135규빗)에 대하여 명당화 작업 실시(135규빗→144규빗).

후기

　필자는 명륜동에서 천신기天神氣를 전수하며 기아카데미 수련을 이끌고 있다. 인생의 노년기에 다른 사람에게 무엇인가 전해주면서 새로운 길을 안내해줄 수 있음에 감사하며, 뜻이 같은 몇 분과 힘을 합쳐서 자원봉사를 하고 있는 셈이다.

　천신기라는 특별한 기를 전수받고 수련에 정진해온 것이 어언 10여 년이 넘었다. 큰 학문이나 업적을 쌓은 것은 아니지만, 내가 받은 축복을 다른 사람도 향유할 수 있는 기회를 널리 알리는 것이 마땅하다는 생각에서 이 책을 쓰게 되었다.

　먼저 살아가면서 세 분의 훌륭한 스승을 만난 행운에 감사드린다. 중학교에서는 독립운동에 헌신하신 길영희 교장선생님을 만나 "학식學識은 사회의 등불, 양심良心은 민족의 소금"이라는 교훈으로 언제나 희망을 가지고 살라는 교육을 받았다. 대학시절에는 도산 안창호 선생님을 배우는 동아리에서 건전인격健全人格을 동맹 수련하여 국가와 사회에 필요한 인물이 되자는 다짐을 했다. 나이 60이 넘어서 이원홍 초대총재님을 만나 천신기를 전수받고 건강하고 행복한 삶을 위해서 氣수련을 하게 된 것은 내 인생에서 가장 큰 행운이라 생각한다.

사람은 하늘로부터 천기天氣를, 땅으로부터는 지기地氣를, 음식으로부터는 곡기穀氣라는 기에너지를 얻어서 생명활동을 유지하고 있다. 이 책은 우리가 지구상의 일정한 터에 살아가면서 최고의 지기地氣를 받아야 하는 필요성, 그 방법과 효과에 대하여 설명하는 것을 주된 내용으로 기술한 것이다.

만물은 일정한 기에너지를 가지고 있으며 이는 엘로드라는 기구로 측정이 가능하다. 사람이 태어날 때의 기에너지 수준과 명당터의 기에너지 수준이 동일하게 144큐빗이라는 사실과 동기감응현상同氣感應 現象의 구체적 실체를 확인하고, 모든 터의 기 수준을 명당터 수준으로 변화시킬 수 있는 방법과 여기에 사용할 수 있는 집기판을 개발하였으며, 실제로 명당터로 만들어준 190여 건의 성공적인 사례를 축적하고 있다.

명당터에서 사는 것은 건강하게 사는 방법 중의 하나다. 터로부터 내가 이 세상에 태어날 때 즉 생체활동이 가장 활발할 때의 기에너지 수준인 144규빗의 지기地氣를 받으면서 살 수 있기 때문이다. 따라서 이제는 명당터를 찾아보는 시대를 넘어서서 내 집터를 명당터로 만들어서 살 수 있는 시대가 되었다고 널리 알리고자 하는 것이 이 책을 쓰는 취지이기도 하다.

실존주의 철학자 키에르케고르는 인생은 언제나 "이것이냐, 저것이냐."를 선택하면서 살아가는 것이라고 하였다. 앞으로 이 책을 읽는 독자들은 현명한 선택으로 내 집과 사무실 등을 명당터로 만들어 땅으로부터 최고의 기에너지를 받으면서 100세 시대를 건강하게 살아갈 수 있는 꿈을 활짝 펼칠 수 있게 되기를 소망한다.

이 책은 천신기를 전수해주시고 시간과 공간을 초월하는 4차원의 세계로 이끌어주신 큰 스승 知岩 이원홍李源洪 초대총재님의 영전에 바치기로 한다. 그리고 이 책이 나오기까지 많은 정성과 노고를 아끼지 않으신 玟甫 김계인 태사, 明亭 송시영 태사, 顥沅 손길식 태사, 松旼 백승주 태사, 繡延 박경숙 태사, 晴民 박영수 태사, 昊沿 김영우 태사, 志灝 박원구 태사, 佳怜 김수자 태사, 姸栽 정선모 태사에게 깊은 감사를 드린다.

[참고도서]

장용득, 1980년, 《명당론》, 미상
임응승, 1992년, 《수맥과 풍수》, 양정사
손석우, 1993년, 《육관도사의 풍수. 명당이야기 터》, 도서출판 답게
이병조, 1993년, 《수맥을 알면 명당이 보인다》, 대광출판사
이원홍, 2003년, 《천신기》, 군기도 지암원
　　　　 2005년, 《기란 무엇인가》, 군기도 지암원
이현도, 2009년, 《눈에 보이지 않는 초능력 세계》, ㈜인포피아
유광호, 2010년, 《4차원의 세계》, 행복우물
김두규, 2011년, 《내 운을 살려주는 풍수여행》, 동아일보사
모성학, 2013년, 《천년의 새로운 터》, 관음출판사
최창조, 2014년, 《새로운 풍수이론》, ㈜민음사
渡辺愛子, 2018년, 《宇宙のパワーで あなたの心と 体はよみがえる》, 中央精版印刷株式会社
최이락, 2018년, 《세상과 소통하는 풍수》, 도서출판SUN
さだじぃ, 2019년, 《気が良くなると 人生はうまくいく》, ㈱廣済堂
이현도, 2019년, 《내 人生 축복으로 이끌어가는 氣의 세계》, ㈜서인프린텍

[기사진]

사진 촬영: 故 이원홍 초대총재

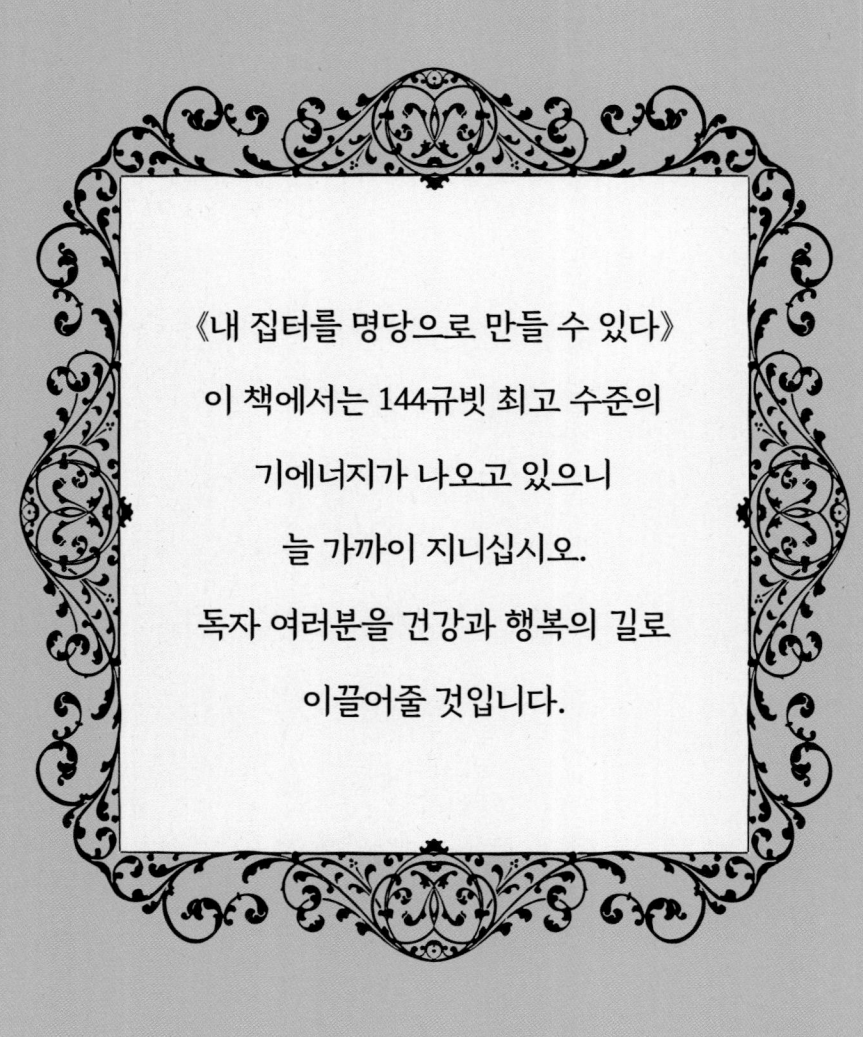

《내 집터를 명당으로 만들 수 있다》
이 책에서는 144규빗 최고 수준의
기에너지가 나오고 있으니
늘 가까이 지니십시오.
독자 여러분을 건강과 행복의 길로
이끌어줄 것입니다.